重點不在別人眼光，在你該發的光

施以諾 著
精神科職能治療領域
主任級治療師、教授、知名作家

您常被「困」在別人的眼光裡嗎？
急著討好、忙著迎合、動輒難過，
其實人生重點不在別人眼光，而在盡心發你該發的光。

內頁插畫：施翰恩

送給

這世代有時未必友善，
在某些人的眼裡，彷彿我們總是不夠好、不夠格。
但重點不在別人眼光，在我們該發的光！
活出自己獨特的價值，照亮社會的陰暗面。

敬贈

目錄

名人推薦語

作者序

Part A

你是造物主手中的「發光體」

Part B 世界的酸言無法否定你的價值

Part C

把燈放在燈台上

Part D

叫眾人看見你的好行為

名人推薦語

以諾是我認識多年的朋友，也是家母最喜愛的基督教書籍作者——施達雄牧師的孩子。在這本書裡，有他最想傳達給下一代的信息：任何一位平凡的人，都有一份屬於自己的光芒，可以成為人們的祝福。在字裡行間，我彷彿看到那能傳承的光、繼續滋潤我們這一代的人。

——連加恩（醫療奉獻獎得主、作家）

聖經裡有多處，耶穌以亮光、燈來作比喻。的確，如同施教授的提醒，重點在您該善用您的能源來發光。有十個童女的比喻，聰明的童女準備足夠的油來點亮燈光，才能等到新郎。我們有善用自己的「塔冷通」（恩賜、才幹之意）來點亮黑暗，照耀別人嗎？

——葉炳強（輔仁大學醫學院院長）

透過主持好消息電視台【轉轉發現愛】認識了施以諾，他是我們節目專家，而我也是施以諾主持的【維他命施】忠實觀眾！以諾對談輕鬆又透析人性自我捆綁，有如陽光般出現在大家面前。出生於基督教家庭的以諾，融合了上帝的教導與專業素養，讓我們了解自己擁有無法被取代的價值，我們每一個人都有限量版的恩賜。

我自認為很敏感，對於他人與一舉一動我很會鑽牛角尖，但是每一次的【維他命施】都好像在針對我當下的心情對話，以諾是我的「日常快譯通」，受用無窮。恭喜以諾出新書《重點不在別人眼光，在你該發的光》，如同書名，讓我們努力做到，共勉之！

——高怡平（金鐘獎得主、GOOD TV【轉轉發現愛】電視節目主持人）

上帝就是光。人則是上帝照著祂的形象創造的。所以，上帝在創造人的初始，就給每個人屬於自己的光了。既然每個人天生自帶光，那又何須在意別人的眼光？重點是，如何讓自己的光散發出來？施以諾在這本書中，再度以幽默、風趣、慧黠又發人深省的文字，幫助每個人找到自己的光，並且——好好發光！

——劉清彥（金鐘獎得主、兒童節目主持人、童書作家）

作者著作等身，使我想起一位多產作家——其父施達雄牧師。真的，「有其父必有其子」。本書談眼光、發光，我接觸的更生人，很在乎別人的眼光。其實「耶穌——世界的光」照亮心扉時，人成了發光體，誰也不敢瞧不起！台灣有光，人人就是「台灣之光」。願台灣在全地發光，像橄欖樹發旺！

——黃明鎮（更生團契牧師）

作者序

每一個人，都有無可取代的光芒！

我從大學三年級開始寫第一本書，寫到我從大學生變成了大學教授，已寫了二十多本書，我許多書的書名讓不少讀者們朗朗上口、印象深刻，甚至許多讀者們的孩子近年來也開始看我寫的書。這幾年我自己當了爸爸之後，有時我會想，如果有天我兒子也開始看我的書，哪一本書的書名與核心理念是我最希望他長大後能記得，並且活用在人生中的？我想會是這本《重點不在別人眼光，在你該發的光》。

在這世代，「別人的眼光」當然重要，但這卻不是最重要的事，最重要的事是「發你該發的光」！在這個社會，當然有人的眼光如同伯樂，能慧眼看出你的珍貴，卻也有人的眼光是苛薄、偏激的，如果你太在意他的眼光，那肯定活得自卑；有的人眼光也許善意，卻不一定考量周全或有見識，若照著他們的期待而活，你可能越走越窄。然而，造物主給每個人都有特別的路線、特別的優勢，是以重點不在別人眼光，而在你該發的光。

未來的世界變化之快，可能會超乎我們的想像，無論是人工智慧的演進，或是工作型態的劇變，許多過去我們所熟知的模式不一定能套用在未來的世代，然而，也有些東西是不會過時的，我喜歡耶穌曾講過的一段話：「你們的光也當這樣照在人前，叫他們看見你們的好行為，便將榮耀歸給你們在天上的父。」這段話不光是講給功成名就的權貴們聽的，也是講給平凡如你我的市井小民、販夫走卒聽的，因為在造物主的眼中，每一個人都有其無可取代的光芒與價值，每一個人都可以在自己的崗位上發光，這本書《重點不在別人眼光，在你該發的光》便是在這樣的理念下寫成的。

希望大家喜歡這本書，也歡迎大家把這本書分享給身邊的朋友們。

PART A
你是造物主手中的「發光體」

每一個人的存在，
都有無可取代的價值，都有無可取代的意義。
找到自己的定位和價值，
不需要過度在乎別人眼光，專心發你該發的光。

A1 你的存在，是上帝給你周遭人的美好福分

家父生前是位牧師，因此從小我常有機會參加所謂的追思禮拜，年紀漸長後，也參加過不少教堂以外的追思會。在追思場合上，人們總會對已逝者講出許多感人肺腑的話，或分享生活點滴，我常覺得，如果逝者能夠在現場親自聽到這些話，一定覺得不枉此生，而這些話，很多人也許未必在當事人還活著時對其如此說過。

不知您有沒有從上述相關的場面中，得出一個結論：「你的存在，其實是上帝給你周遭人的美好福分！」

您也許覺得自己在社會上不見得是什麼大咖，但您對您周遭的家人、親友，其實有著無可取代的價值與意義，這是上帝讓您來到這世界的重要目的，祂造您，是要藉由您為您周遭人帶來福氣！許多您周遭的人們，都因著您這個人的存在、或因著您的一句話或一個舉動，而使他們的人生變得更好。您有用心感受到上帝讓您存在這世上，那寶貴而獨特的價值嗎？

而如果您願意，也可以用心感受一下，上帝讓您周遭的某些人來到這世上，是特地來帶給您福分的！不妨用心感受那些人曾經或正在帶給您的美好。人生無常，很多好話，不要等到他們逝去後才在追思禮拜上講，平日找機會就可以講了。

很多人問過我，怎樣的人叫做「有成就」？其實這問題沒有標準答案，但一個人若能意識到自己的存在是上帝給其周遭人的美好福分，能夠努力活出自己對家人、親友那獨一無二的價值；並且能夠懂得去感受到某些習以為常的周遭人，其實是上帝為自己所預備的，他的存在是要來帶給自己祝福的！懂得用這樣的心態來看待自己的存在，來看待自己身邊某些人的存在，您就會發現，自己是一個如此「有成就」的人！

親愛的朋友，也許我們每天閱覽新聞時，常會覺得這世界很糟，其實上帝仍給了這世界很多的美好，其中，您這個人的存在，就是上帝給你周遭人的美好之一！意識到自己存在的可貴，積極活出自己的祝福，也看見別人所帶給您的祝福，您將會覺得今天的空氣聞起來特別清香。

A2 不要只活在別人的眼光裡，要活在主的光裡

小美常被許多女性友人嫌胖，她覺得很無法接受，於是努力地減肥，減了三公斤，卻還是被某些紙片人等級的女性友人虧她仍不夠瘦，讓她沮喪不已。但其實她的體重早已符合 BMI 值，卻總是自卑地覺得自己身材不夠好。

也曾有名青年，常被某些長輩們激昂地提醒，要跟他父親一樣在教堂裡工作，不要從事社會上一般所謂「世俗的職業」，他冷靜思考後，並沒有聽那些長輩們煽情的建議。後來，他在社會上成了很有見證的社會賢達。

也曾有人倚老賣老地提醒一位家庭主婦，認為她選擇把時間都花在家庭上很浪費，枉費了過去學業的成就；然而，那位前輩卻沒有看到，眼前這位家庭主婦在親子感情、家庭經營方面的「成就」，其實遠超過此刻正高談闊論的自己。

以上都是真實的故事。活在這個世代，我們都必須常應付別人的眼光，甚至我們都常容易只「活在別人的眼光裡」，然而很多時候，流行文化所以為的美，可能是一種病態的不自然；有些人們所自以為義的神聖，實則是一種狹隘與偏激；有些人口口聲聲所強調的價值，實則落入功利的思維。別人的眼光，也許沒有惡意，卻可能使當事人更難摸索出自己人生的方向。

其實每一個人都有造物主創造他時的「原廠設定」，別人的眼光固然值得您我參考，但活出自己的原廠設定卻更為重要。

歷史上曾有詩人在詩詞作品中這樣吟誦：「知道向你歡呼的，那民是有福的！耶和華啊，他們在你臉上的光裡行走。」可不是嗎？造物主不會用病態的眼光去評判您夠不夠瘦、夠不夠美，祂更在乎的是您的身體健康和內在美；造物主也不會用狹隘的框架去評判您的職業夠不夠神聖，祂在乎的是您我懂不懂得用神聖的心態去從事每一種職業；造物主也不會用您的收入來衡量您的價值，因為祂看重的是您、而不是您的收入。

不要只活在別人的眼光裡，更要活在主的光裡！願我們都能活得喜樂怡然，活得理直氣壯。

A3 上帝造你，不是為了給人罵的

先講結論，本文絕對不是要慫恿大家去敵視那些罵過您或常罵您的人，有時人生很多過程，雖然當下感覺很糟，但往往回想起來有其意義。在這社會上，我們都有機會被人罵，有時被罵得合理，也有時被罵得委屈，但在上帝眼中，被人罵，只是祂所容許的一個「過程」，而絕不是祂造您的「目的」。

我很喜歡在歷史上埃及的一位宰相約瑟，他是個猶太人，從小素質很高，卻也受盡委屈，先是被兄長們排擠、霸凌，被賣到埃及為奴，好不容易在埃及稍微得人信任，卻又被誣陷為性騷擾犯，鋃鐺入獄。這些經歷在歷史文獻中被相對輕描淡寫地帶過，但我們不難想像，在上述的經歷過程中，他被人給罵過多少句、誣賴過多少句、嘲諷過多少句。

但上帝造約瑟，不是為了給別人罵的，而是另有個高尚的目的。約瑟本來是個說話直白、毫不藏鋒的青年，平心而論，這種人即便素質高，但若讓他直接去當了宰相、行政院長，這是何等危險！然而，他當了宰相之後，似乎謹慎、沉穩多了，顯然事隔多年之後，這一路上人們曾給他的臉色與待遇，讓他學習到了不少，也磨練了不少。上帝愛他，容許他被人罵只是一個過程，而不是目的，上帝造他的目的，是要他活出應有的榮美！

其實，這也是上帝造每一個人的目的。親愛的朋友，您常被人「罵」嗎？這絕不是上帝創造您的目的，您不是生來要給人罵好玩的，但願這些過程，不是讓我們累積苦毒或帶來停滯，而是帶給我們一些反思或訓練，有一天，我們會因此成為更好的自己，這才是上帝默許這些事發生的目的。

您身邊也許有些人講話並不好聽，但「上帝造你，不是為了給人罵的」，是以千萬別在辱罵中喪失了志氣、迷失了自我，眼淚擦乾後，勇敢活出自己的命定，活出您應有的榮美與精彩。

A4 別「急」著活成別人想看的樣子

喬治的父親生前從事一份公益工作，在他父親的追思會上，許多人對他說：「你父親的工作太有意義了！你該繼承他的衣缽，從事一樣的職業啊！」追思會當下眾人的期待太過感人，於是喬治選擇放棄自己原本的專業，投入跟父親一樣的職業。然而他的興趣與熱情根本不在那行，做沒幾年就做不下去了，想回鍋自己原先的專業，卻也因著離開太久而回不去了，他很後悔當初去迎合了那些人的期待。至於那些在他父親追思會上給他建議的人呢？早就散場了，講完話後各自回歸自己的生活，喬治轉職的決定，其實對那些人根本沒影響，喬治卻在生涯規劃上付出了不小的代價。

瑪莉的婚姻不太美滿，當初這段婚姻怎麼開始的？因為那幾年，許多三姑六婆們見了她就一直說：「年紀到啦，該嫁啦！」「怎麼還不結婚呢？」為了符合眾人的期待與眼光，且不願讓眾人誤以為是自己條件不夠好才晚婚，於是她選擇在那些長輩們口裡所謂的適婚年齡，迅速跟一個自己尚瞭解不深的男士結婚。長輩們在婚禮上自是恭喜聲連連，好不熱鬧，但熱鬧過後，她卻深受這草率決定所苦。當初催促她、想讓她早點步入婚姻的眾長輩們呢？雖不能說是虛情假意，但每個人有各自的生活要忙，瑪莉後來的婚姻生活如何，其實她們也無暇在意。

我們該迎合眾人對我們的期待嗎？《聖經》上有句名諺：「眾人以為美的事，要留心去做。」鼓勵我們不能不顧旁人的好惡，但也有另一句話提醒後世，說：「腳步急快的，難免犯錯。」統合這兩句話，我會給出一個建議：別「急」著去活成別人想看的樣子！

可不是嗎？就如同開頭故事中的喬治、瑪莉，他們急著去活成別人想看的樣子，失去了自己的原味；急著去活成別人想看的樣子，做出了不利自己往後的決定；急著去活成別人想看的樣子，別人只付出一時的鼓譟，承擔一輩子的卻是自己。

別「急」著去活成別人想看的樣子！容我這樣說，您的職涯選擇、您哪時該結婚，說真的，干那些話多的人甚麼事？別急著去迎合別人的期待，一來您不可能迎合所有人，二來這是您的人生。一個人總是急著去活成別人想看的樣子，往往是因為缺乏自信，所以只要別人一給自己不同的期許，就會心慌、就會迎合之，但這麼做往往未必能成就美事，且通常不會活得喜樂。

多給自己一點時間沉澱，別「急」著去活成別人想看的樣子，您的人生反而會活得更美好。

A5 每一個人都有自己「限量版的恩賜」

在歷史上有許多德行傑出的偉人，他們的事蹟、書信、詩詞，後來都被收錄在《聖經》中，世世代代傳為佳話！但其實聖經也就是一本說薄不薄、說厚不厚的書，裡面固然記載了許多歷史人物的大名，但許多人的名字在聖經中是沒被提及的，事實上，若真要提及每個事件相關者的名字，聖經的厚度恐怕要超過一本電話簿了。是以聖經中得以出現的人名，在世時往往曾經有著獨特的壯舉或恩賜。

不知您是否知道，聖經裡出現個人名，這個人所懷的本領在今天許多人並不看重，卻大大影響了歷史，這個人名叫「德丟」，他是負責幫保羅繕寫〈羅馬書〉的人。他有多重要？重要到保羅不得不讓他的名字露出，在〈羅馬書〉中即出現「我這代筆寫信的德丟，在主裡面問你們安」。我相信保羅是知情且同意在這部重要作品中提及德丟的，因為如果沒有德丟，保羅晚期的文字事工恐怕無法成功；如果沒有德丟，許多保羅的處事良言可能不會被流傳至今；如果沒有德丟，今天保羅在歷史上也許不會有如此的影響力。

在聖經上出現的人物，人人有不同的恩賜，有的人有打仗的恩賜，有的人有治國領導的恩賜，有的人有治療病人的恩賜，也有的人兼具兩種以上的恩賜，然而，很少人像德丟這樣，僅以「文字」這一項看似不起眼的恩賜而嶄露頭角、留名聖經，這項恩賜雖很少見，看似並不是多像大英雄、大豪傑的恩賜，但事實上，許多所謂的大英雄、大豪傑未必能名留聖經，德丟這個小小文字事奉者竟留名了！也正是他這看似不起眼、稀少的文字繕寫能力，讓保羅的教導得以傳世，影響了人類歷史與許多後世的價值觀。

「德丟」這個人名，在聖經中是個值得深思的存在，讓我們省思：每一個人都有自己「限量版的恩賜」！您可能從未察覺，您身上有某種能力或特質，是上帝限量版、稀少的祝福！也許有些人並不懂得珍視您某些獨特而稀有的能力或人格特質，但或許有一天，正是您的這些能力或特質，會默默地改變您周遭的環境，改變我們的社會。

人，不一定要爭著和別人強出鋒頭，忙著跟風；每一個人，都有自己「限量版的恩賜」！找到上帝給您的獨特祝福，看重這些祝福、抓住這些祝福，用它來發光發熱，造福人群，您就可以慢慢影響這個社會！

A6 別被年齡的數字給捆綁了

我父親是一位牧師，他曾回憶自己年輕時受邀參加一位六十八歲婦女的生日派對，讓當時年輕的他震撼不已！當年，那位年近七旬的婦女在生日派對上如此許願：「我四十歲才開始學彈鋼琴（當下她老人家已可以在一間大教會擔任司琴），五十歲才開始學英文（她已可以用英文與外國人對話），六十歲學開車。現在我已經六十八歲了！如果上帝讓我活到七十歲，我一定開畫展。」

平心而論，光是要一個完全沒有音樂基礎的人四十歲才開始學鋼琴，手指恐怕都已僵硬，難以陶造了，但她卻可以學到能在眾人面前彈奏的程度，然後六十歲還願意開始學開車，這樣一個人，真不敢想像她若活到八十歲，還會又「學」出什麼來？

也曾經有一個年僅二十歲大學生，想用「寫書」的方式來服事，身邊許多長輩、同儕覺得這路線跟他的年紀感覺上很不搭調，當時有長輩說：「年輕人要服事，就該去領唱、帶營隊，寫什麼書呢？著書立言不是你這年紀該思考的方向。」後來，那個年輕人在大學畢業前就寫了兩本書，之後成了一位學者、業餘多產暢銷作家。誰說年輕人的服事選項，就只能侷限在唱歌、跳舞、帶營隊呢？很多事情的資格其實無關年齡。

以上兩個都是真實的例子，是以我很喜歡跟人分享：千萬別被年齡的「數字」給捆綁了！

猶太民族被許多人視為最精明的種族，他們確實有過人之處。在歷史上，他們西元前的精神領袖迦勒，年邁時還曾感性地說：「看哪，現今我八十五歲了，我還是強壯……無論是爭戰，是出入，我的力量那時如何，現在還是如何。」我們可以想像當時他講話的畫面，這是一位多麼豪氣的老人家；而他們的另一位先賢保羅，也曾叮嚀後輩「不可叫人小看你年輕」，他們確實也出了不少有為的青年。很顯然的，這個強韌的民族，之所以能保有戰力至今，正是他們出過許多懂得「不被年齡的數字給捆綁」的人。

年齡的數字，是一個參考，而不該是一個框架。千萬別被年齡的數字給捆綁了！祝福您活出自己的精彩！

A7 勉強自己合群，不如珍視自己價值

有群牧羊人，見到一個青年漁夫，於是便邀他：「多來跟我們聚聚吧！一群人同樂多愉快啊！」青年漁夫一開始有些躊躇，但又心想：「如果我拒絕的話，會不會顯得我太不合群？」「若我不答應，之後再見了面豈不尷尬？」於是便跟牧羊人們去草原上聊了一整天。

回家後，自然什麼漁獲也沒有，接連幾天下來，被家人念了一頓：「你真傻！他們是牧羊人，你跟著他們在草原上聊了一整天，他們的羊也就順便在草原上吃草，跟你聊完了，他們的羊群也順便牧好了，但你呢？跟他們聊了一整天，你該捕的漁獲在哪裡？」青年漁夫恍然大悟。

這個世代，總有許多的邀約與人情期待，但我常喜歡分享：「與其勉強自己合群，不如珍視自己的價值。」就像故事中的場景，牧羊也好，得魚也好，其實都是有意義的工作，但那位青年漁夫「勉強自己合群」，結果卻是失喪了自己應有的價值與責任，也無法提供其他村民所需的漁獲量。

合群沒有不好，但珍視自己天職、經營自己的恩賜，更是重要任務。在歷史上，耶穌的門徒彼得有句名言，展現了不一樣的「合群」格局，他叮嚀後輩們說：「各人要照所得的恩賜彼此服事，作神百般恩賜的好管家。」這句話叮囑我們要合群、要彼此服事，卻不是要我們成天同手同腳、漫無目的地濫聚，而是要懂得經營自己的恩賜，好好管理自己的特長，將上天所賜給每個人的獨特優點激發出來，才有可能真正對群體帶來益處，才能夠真正地彼此服事、而非彼此耽誤。

許多人把「肯不肯多花時間跟大家相聚」視為判斷一個人夠不夠合群，甚至是夠不夠敬虔的標準，但這樣的論定標準太過膚淺；也有很多人因為缺乏安全感，而不敢不去迎合別人某些「合群」的邀約。事實上，珍視自己價值，經營自己的恩賜，活出自己的天職，才會讓自己活得更心安理得，更對得起上天，也更有益於眾人。

A8 重點不在舒適圈，在合適圈

有不少生涯規劃的文章，主旨俱是教導上班族或年輕人要積極「跳脫舒適圈」，這個觀點不能說是錯，但我認為不是最關鍵的。事實上，一個人若在自己擅長且命定的領域努力，固然仍需要經歷一定程度的淬鍊，卻也會經歷到如魚得水、得心應手的成就感，這是好事。是以活得精彩的重點，不是一味地講求跳脫舒適圈，而是要能找到「合適圈」。

記得不久前，受邀為好友夏嘉璐主播的書《共學共好》寫序，那是一本值得閱讀的教育好書，我當時以〈別送海豚去念老鷹學校〉為題為該書作序，所想強調的也是這概念。可不是嗎？一隻海豚如果太安逸，不努力學游泳、抓魚技巧，固然會被淘汰；但如果一味地只鼓勵海豚跳脫舒適圈，甚至離開大海、天馬行空去報考老鷹學校，那肯定會更慘！

論到生涯規劃，猶太人常被認為是最會做生意、最精明的民族之一，他們人數不多，但在全球商場上、政治上的影響力有目共睹，其先賢曾這樣叮嚀後世：「各人領受神的恩賜，一個是這樣，一個是那樣。」「各人要照所得的恩賜彼此服事。」他點出了一個重點：每個人都有來自上天不同的優勢，要掌握住自己的優勢好好發揮、彼此互惠，活出自己獨特的價值。

親愛的朋友，每一個人的出生都有造物主的美意，每一個人都有適合自己發揮的領域。人生的重點，不在一味地跳脫舒適圈，在於找到合適圈，在尋找合適圈並努力發揮優勢的過程中，我們可能會歷經磨練，但同時也可能從中享受到人盡其才的喜樂、怡然自得，這種喜樂與舒適，是上帝要賜給——努力找到自己方向、且積極發揮所長的——您的賞賜。願我們都能享受到這樣的美好。

A9 別讓社會的現實，奪走了你應有的良善

曾經聽說過一個事例，有位在醫學院教「醫學倫理」這門課的老教授，為了讓台下的學生未來能成為視病猶親、關懷人心的醫者，便在課堂上講了許多倫理學與醫病關係的理論。期末考時，考卷發下來，題目中除了那些他上課所強調過的理論外，最後一題竟然是「在本棟樓層掃地的歐巴桑姓甚麼？」而且配分還不低！

不少學生看了覺得很驚訝，而且大部分的學生們幾乎都答不出來，有學生對於這看似無厘頭的考題覺得很不服氣。老教授語重心長地說：「這門課的目的是要培養能關懷人們的好醫者，而不是高高在上、態度冰冷、

姿態優越的醫者。如果你們修完這門課，沒有辦法改變你們對身邊人們的態度，連每天幫大家掃教室的歐巴桑姓甚麼都不知道，那這門課還真的是沒修好。」

雖然上述的「考題」未必百分之百客觀，但我很喜歡它背後所帶出的省思。這是一個重視競爭、講求專業能力的社會，我很喜歡分享：「別讓社會的現實，奪走了你應有的良善。」

的確，社會是很現實的，如同上述事例中的學生們，如果不多花時間去專研醫療知識，未來很可能會被淘汰。其實不只醫療界，在其他各行各業也都是如此，我們必須讓自己具備某種能力，也許是去鑽研商業知能、經管知能、設計知能、法律知能、語文知能、藝術知能……等其中之一，且要鑽研有成，才有出人頭地的本錢，這就是社會現實，但這不代表我們必須失去我們應有的良善、不代表我們必須失去對身邊某些人士的注意。

「在本樓層掃地的歐巴桑姓甚麼？」這個題目也許不盡然完善，但背後卻可以帶出有趣的省思。在這個腳步急快、講求效能的現實社會裡，你我所應有的良善也已悄悄被奪走了嗎？值得你我深思自省。

A10 你很難改變討厭的人，但可以不被討厭的人改變

在歷史上，耶穌很不喜歡當時的某些當權派、既得利益者，他們常在人前裝出很清高的模樣，私底下卻極其自私、惡劣，甚至會道貌岸然地侵吞寡婦與弱勢者的財產為己用，但外表裝作極為敬虔，耶穌對他們的評價向來很低。

有一次，耶穌對祂的門徒們談到那些人，但目的不是要指派門徒去改變那些令人討厭的人，而是提醒門徒別被他們給改變了，並形容那些人就像「酵」一樣，是會發酵的，會對旁人的言行與品格產生影響。的確，很多時候某些「壞行為」真的有種莫名的魅力！雖令人感到不屑、卻又讓人

想仿效之。

你很難改變討厭的人，但可以不被討厭的人改變！這不只是在歷史上耶穌曾對自己學生們的叮嚀，更可以是今天你我的處世原則。

我們常會一不小心就「被自己所討厭的人給改變」。許多人不喜歡某些主管常搞小動作，但等到自己當上主管後卻也開始搞同樣的小動作；許多人不恥某些人的刻薄寡恩，自己卻也有樣學樣用同樣的方式處世；許多人討厭某些人對自己講話的方式，但為了反擊，自己卻用更粗暴的言語回應之。

要「改變討厭的人」很難，畢竟決定權在對方，但要「不被討厭的人改變」的決定權卻在於自己。

我們很難改變討厭的人，但可以不被那些討厭的人給改變，別讓某些壞行為在我們自己的身上發酵，讓自己也成了那些令人討厭的人。想改變世界，先從讓自己不被改變做起。

A11
每個人都有過去，關鍵在於這些過去有沒有過去

陳先生是一位神職人員，從人的角度來看，他曾有很不堪的過往，他年輕時曾經打架、鬧事、賭博、沾毒，實在跟現在的神職人員形象很不搭調。他是在獄中接觸到信仰才痛改前非，後來成為傳道人，但他完全不介意提起自己的過往，甚至時常引用「舊事已過，都變成新的了」這句話來作為自己生命的注解，引導更多人體會信仰的真善美。

陳先生是個正向的例子。有另一個故事說到一位X小姐，她是個幹練的職場主管，過去曾有一段不成功的婚姻，這段婚姻讓她耿耿於懷、敏感不已。只要有人無意間談起婚姻與愛情，她都會報以睥睨的眼神；若有

人關心起她過去的婚姻，她更是會爆氣不已、火力全開地要對方閉嘴。這樣的態度，讓大家對她敬而遠之，甚至連帶影響到她在職場上的形象與評價。

平心而論，人都不完美，誰沒有「過去」呢？我常喜歡這樣說：每個人都有過去，關鍵在於這些過去有沒有過去。

可不是嗎？有的人選擇讓自己某些難堪的過去成為「過去」，坦然以對、記取教訓，這些過去反而成為未來變相的利多；也有些人在面對自己某些難堪的過往時，卻始終「過不去」，變得敏感而易怒。

親愛的朋友，也許我們都有某些令自己尷尬的過去，也許是學歷、經歷、錯誤、人際衝突……，有些可以不必再提，有些卻可能難以迴避，端看您用怎樣的心態去面對它們。讓某些過去正式成為過去，別再糾結，別再讓它們繼續影響您的未來，因為您的人生值得有更璀璨的發展。

A12
想得美的人，往往也活得美

在歷史上，以色列人在立國前曾經居無定所，後來他們浩浩蕩蕩到了傳說中上天應允要給他們的迦南美地，領袖摩西便派了十二個探子去查探那地。結果呢？十二個探子中只有名叫迦勒、約書亞的這兩個人表示樂觀，覺得當下雄踞那地的人們雖身形高大，但那地實在物產豐隆，CP值高，值得一搏！事實上，若以過往戰績而論，以色列人在當時確實可說是地表上戰績極輝煌的游牧戰鬥民族之一，若一戰，的確不無勝算。

但不知是否是因為久經漂泊、缺乏自信，十二個探子中的另外十個人，卻顯得異常悲觀，甚至是情緒化地形容那地的人們身形高大，並歇斯底里地貶抑自己在他們面前渺小得猶如蚱蜢一般，對這塊原本可以屬於他們的領土望而生畏。面對那兩個樂觀進取的探子，這十個悲觀的探子恐怕只差沒吼出「你想得美！」這四個字來了。

後來呢？在歷史上，那十個想得很悲觀的人，後來都沒能進入迦南地生活，而很樂觀的迦勒、約書亞這兩位，在老了以後，還真的進入了迦南地，對！他倆活得夠老！夠老到可以活著看到自己民族在那兒據地立足的一天；而更無價的是，迦勒、約書亞日後的生涯發展非常好，更雙雙在歷史上留下了美名，而另外十個人，則因此成了後人茶餘飯後的負面教材。

很多時候，「想得美」的人，往往也能「活得美」！樂觀，是許多成功人士的共同人格特質。容我在此以精神健康專家的角度詮釋之，所謂的樂觀，並不是徒然自我感覺良好，也不是任性地覺得旁人或上天就是該應允他所有的期待，更不是躁症；這些徵狀一點都不美，且常會讓一個人看上去很亢奮、思考跳躍卻不務實。

真正精神健康的樂觀，會讓一個人多看到自己的特點，冷靜地分析局勢中的各種契機或變通性，採取靈活而穩健的生涯規劃。無獨有偶，許多醫者也指出，樂觀的人壽命比較長，無怪乎迦勒、約書亞這兩位可以活得這麼高壽了。

想得美的人，往往也能活得美。親愛的朋友，這社會看似有許多限制，有許多僵化而難以改變的現況，但相信自己來到這世上必有造物主的美意，相信自己必有無可取代的存在價值，善用自己的特點，樂觀地在看似不利的環境中冷靜剖析出自己的優勢，會讓你我活得更美。

A13 最大的才華，是能夠讓自己變喜樂

這世上有很多種才華，有人擅長音樂、文學、設計，也有的人會變魔術、表演，但身為精神科的治療師，我常說：這世上最大的才華，是「能夠讓自己變喜樂」！否則學再多、會再多，人不喜樂，恐怕到最後也都是枉然！

在歷史上，有不少音樂家、文學家最後以令人惋惜的方式離開了世界，他們的音樂才華、文學造詣享譽古今，但卻沒有「能夠讓自己變喜樂」的這種「才華」。或許當初栽培他們的父母，得知自己的孩子最後竟選擇以那樣的方式痛苦離世，會寧可他們沒有那些才華，但繼續喜樂地活著。

能夠讓自己變喜樂，就是一種卓越的才華，特別是在大環境不如意的時候。在歷史上，有個人名叫哈巴谷，他的著作〈哈巴谷書〉文詞優美，且有部分可作為詩歌吟唱，足見這個人的音樂、文學才華俱佳！但他更為後人津津樂道的才情，是在不景氣的大環境中讓自己喜樂，他曾自述：「雖然無花果樹不發旺，葡萄樹不結果，橄欖樹也不效力，田地不出糧食，圈中絕了羊，棚內也沒有牛；然而，我要因耶和華歡欣，因救我的神喜樂。」

他在不佳的環境中讓自己喜樂的祕訣是甚麼？首先，是他意識到「自己是被愛的」，他深知造物主愛他，當一個人意識到自己是被愛的，且享受在這份愛中時，自然就會感到歡欣、喜樂；再者，他也懂得愛旁人，在他的著作中，他多次為旁人的遭遇感到心疼，也多次提出建言，這是出於一份發自內心的愛，而不是出於功利的矯情做作。

當一個人意識到自己是被愛的，也能夠愛別人、在乎別人的時候，他就會喜樂。親愛的朋友，這種「才華」，您也想擁有嗎？哈巴谷顯然是個有文學與音樂才華的人，但我們今天已很少人聚焦在哈巴谷的文才與音樂能力，很多人會佩服、關注哈巴谷在困窘中能讓自己喜樂的特質，正是因為後者遠比前者要來得更珍貴。

這世代很多人期待自己有才華，也有很多父母嚴格督促自己的孩子成為有才華的人，然而，我們處在多變、動盪的世局，汲汲營營去學琴、習文、練技藝……當然好，但千萬別忘了，這世上最大的才華，是「能夠讓自己變喜樂」！願我們都活得更喜樂。

施P會談室

光，有抗憂鬱的作用

這本書談到我們該在社會上「發光」、「作光」。光，究竟有何作用？每個年代的人有不同的認知。而在現代精神醫療中，許多醫者發現「光」有「抗憂鬱」的效果，許多身心病房有「光照治療」（Light Therapy）的介入，用光照的方式來影響人的血清素、多巴胺、褪黑激素等，進而改善季節性憂鬱等症狀。

光，可以助一個人抗憂鬱！這是光的價值之一。發光、作光不一定要求功成名就、家財萬貫，現代人生活壓力大，如果我們能懂得適時地用一句話、一張小卡、一通問候等去關心您我身邊低潮的人，幫助彼此緩解憂鬱，我們這種行為就是在發光、作光。

誠如本章第一篇文章所提到的「你的存在，是上帝給你周遭人的祝福」，帶給身邊的人好心情，發揮「光」對人們的抗憂鬱作用，您就是個有價值的發光體！

PART B
世界的酸言無法否定你的價值

這世界充滿了各種否定、酸言、功利，
但每條生命都有獨特而神聖的意義，
別讓某些人的嘴巴決定了你的價值，
因為你有自己無可取代的光芒。

B1 別讓不重要的人，決定了你重要的事

志明規劃了一次重要的旅行，這次旅行是他期待已久的行程，且是他好不容易排假才排到的時間。然而，在這次精心籌備的旅行中，志明一直很不快樂，因為前幾天有人在社群軟體上針對他的某些論點損了幾句，讓他頗為受傷，志明看著眼前的景色，心中所浮現的卻盡都是那些傷人的留言字句。一次重要的旅行，就這樣失了味。

春嬌在醫療體系任職，她很想發表某一篇論文，這篇論文的發表將對其生涯路線別具意義，但她很擔心前同事會不會有人覺得她還不夠資格發表這樣的論文，躊躇不前，便去請教她過去的指導教授，教授聽了後回

她：「那些前同事是重要的人嗎？如果不是，就別在意他們可能的反應，盡心做妳應該做的事。」

我很喜歡跟人分享：別讓不重要的人，決定了你重要的事。很多時候我們太在乎某些虛浮的評價，但這些評價可能只是出自路人甲的無心之言，甚至是出自不在乎你的人，或某些見不得你好的人之口。這些人實在不該被視為你我生命中重要的人，實在不該讓他們在生命中佔有多大的位分；然而，我們卻常讓某些不重要的人影響、決定了我們重要的事，讓他們影響了我們的出遊心情、影響了我們的職涯決策、影響了我們所該活出的表現。

生命中固然有許多重要的人值得你珍惜、在意，但絕對不值得讓某些不重要的人，決定了你重要的事。一個有智慧的人未必是在智商測驗中得著高分，而是懂得在生命中排定優先順序，如此，我們的人生才能活得怡然而幸福。

B2 無法阻止你繼續前進的傷，都只是擦傷

人生，當您選擇在某條路上走時，有的人會鼓勵、讚賞您；也有的人會阻擋、傷害您，用一些流言酸語來傷害您。這些傷害能有多大？其實很難講，很多時候，「無法阻止你繼續前進的傷，都只是擦傷。」

我記得有一年，我在某個領域得了獎，有媒體說我是那個獎項有史以來最年輕的得主，當時有一位前輩似乎很不服氣，故意在頒獎典禮當天遞給我個信封，裡面是一篇批評我沒資格得獎的文章，並對我表示，他將把這篇評判我沒資格獲獎的文章投書到報紙上。

後來他果真這麼做了，我沒有任何回應，他竟又寫電子郵件來質問我，為何不回應他對我的報紙投書？我只是祝福他。後來我繼續在該領域努力，陸續又得了些肯定與獎項，但比較沒有機會再聽聞那位前輩在該方面的表現，是以我也漸漸忘了這往事。有一年，我受邀在該領域的研討會上演講，會後有許多人來跟我交換名片，其中一位竟是當年那位前輩，但我一時認不出他。除了他外貌有變之外，事隔多年我們又見面時，他對我變得十分客氣，令我很難想像這是當年那個用酸言否定我的人。

我很喜歡跟人分享：「無法阻止你繼續前進的傷，都只是擦傷。」有些會批評您我的人，或許是好意，但也不少批評其實是出自於某些比您我差的人，或是不樂見您我繼續變好的人。如果我們因為某些動機不正的批評就此停步了，那麼那些批評就等於對我們造成了「致命傷害」；但如果我們繼續往前，那麼某些酸言就算再犀利，頂多只能是「擦傷」，過幾天就痊癒了，因為我們還在繼續向前。某些言論對我們的傷能有多大，其實取決於我們的反應。

親愛的朋友，當您有感動要在某條路上前進、精進的時候，有的人會說您沒資格，有的人會暗暗希望您別走得太順遂，這就是社會的現實面！而這些動機所化成的酸言，您決定要怎麼看待？縱然也許會有殺傷力，但「無法阻止你繼續前進的傷，都只是擦傷」。面對某些不值得太在乎的苛言，學會一笑置之，繼續走您該走的路，得您該得的應許。

B3 重點不在別人的眼光，在於你該發的光

以少勝多、以小勝大的戰役總是令人振奮。在歷史上，西元前的以色列帝國曾和非利士帝國有場知名的一對一戰役，雙方所派出來對決的戰士都赫赫有名，一位是身形相對矮小、但歷史上後來大名鼎鼎的大衛王，另一位是宛若巨人、壯過巨石強森的傳奇戰士歌利亞。

當時還是個牧羊少年的大衛，見到敵國的戰士歌利亞向以色列軍隊挑戰，但以色列人卻無人敢迎戰，從無沙場經驗的他，竟就這麼拎了個投石器準備上場了！當時包括他的哥哥們、以及以色列的國王掃羅，全都是一片唱衰、不看好，在他們眼裡，覺得區區一個牧羊人，想上戰場挑戰敵

方第一猛將，這簡直是腦袋有問題，但大衛卻分享自己過往的經驗：「我一直替父親放羊，有時候獅子或熊會從羊群中叼走羊，我會去追打牠……把牠打死。」最後，掃羅王抱著死馬當活馬醫的心態，讓這個拎著投石器的後生上場了，歌利亞見了大衛出場，甚是不屑，沒想到大衛驟然拿出一塊石子，用投石器猛力拋去，離心力所產生的速度在物理學上所造成的衝擊可以何等之大！石子擊中歌利亞的額頭，嵌了進去，歌利亞應聲倒地，原本意氣風發的非利士軍隊見狀，立刻嚇得撤退。大衛一戰成名，大放異彩！

很多人說，大衛要贏歌利亞，其實根本不可能，這真是誇張的奇蹟了；但我不這麼認為，客觀而論，大衛雖無沙場經驗，但曾打敗過獅子與熊，歌利亞縱然再高大，卻畢竟也還是個「人」，誰說曾有打敗獅子和熊之戰績的人，與另一個人類對戰會全然沒有勝算？然而，掃羅王和大衛的哥哥們的眼界卻看不到這些，在他們的眼裡，只看到大衛是一個沒有沙場經驗的非職業軍人。

我很喜歡與旁人分享：「重點不在於別人的眼光，在於你該發的光！」很多人總喜歡用某種膚淺的單一標準來評論您有沒有資格、會不會成功，卻沒有看到上帝過往所給您我的某些淬鍊。在關鍵的時候，不需要太聚焦於別人的單一眼光或唱衰論調，要能客觀地看待上帝給您的某些歷練與條件，冷靜地善用上帝給你的優勢，發您該發的光！

說到發光，很多人都會提到要有信心，但信心絕不是「坐等或自我宣告有一天會成為受人喝采的成功人士」，而是要能「不總是活在別人的否定裡，而能客觀地看待自己，活出自己的價值」。很多人常坐等或喜歡宣告自己將來會成功，卻什麼事都不認真經營，千萬別忘了，大衛並不是忽然成為戰神的！在對戰歌利亞前，他很認真地牧羊，很認真地打跑要來吃羊的猛獸，這些與猛獸搏鬥的努力與經驗，讓他被上天陶造成一個有機會可以打敗歌利亞的人。我不否認大衛能打敗歌利亞是奇蹟，但也反映了他平日忠心護羊的痕跡。

親愛的朋友，這世界喜歡用某些單一標準或眼界來否定一個人，但「重點不在別人的眼光，在於你該發的光」！我們雖不應自義、自戀，但也不要輕看上帝過去在您生命中曾經給您的某些淬鍊。也許您的工作經歷稱不上華麗，也許您的生命遭遇並不光彩，但也許有一天，正是這些別人所看不上眼的的生命經歷，會幫助您在面對高大的難關時，得以擲出手中的飛石，讓外人跌破眼鏡，也讓自己綻放出應有的光芒！

B4 喜樂，是你最好的反擊

面對某些人不友善的批評、嘲諷、否定或刻意冷落，您都怎麼反擊？這也許沒有標準答案，但我記得之前讀過一則關於選舉的軼事，說到在一九九二年美國總統大選時，老布希和柯林頓對決，曾經聲望不錯的老布希總統最後連任失敗。當時他有個念小學的孫子，在學校裡被其他小朋友譏諷：「哈哈哈，你爺爺落選了，落選了。」但老布希的那孫子沒有罵回去，而是回答：「沒關係，我相信柯林頓也會是個很好的總統。」

西元前有位意見領袖名叫哈巴谷，他當時的世局很糟，惡人當道，且許多人並不喜歡他所發表的勸世言論，而他當時的物質生活條件也並不好，不難想像當時恐怕有不少人敵視或嘲諷他，但他講過一段名言來自述心境：「雖然無花果樹不發旺，葡萄樹不結果，橄欖樹也不效力，田地不出糧食，圈中絕了羊，棚內也沒有牛；然而，我要因耶和華歡欣，因救我的神喜樂。」雖然我們無法穿越過去去看他當時的光景，但我相信上述這段話必堵住不少想惡意挖苦他之人的嘴。

當我們正面對某些不友善的人或嘲諷時，喜樂，是你最好的反擊！為何我在此形容喜樂是一種「反擊」？有以下兩點益處：

1 喜樂，讓惡者敗興而歸、自討沒趣：某些惡者嘲諷你的目的，就是巴不得看到你憂傷、悲憤、放棄，如果你照著他的期待去做，那就真稱了惡者的心意，也讓他食髓知味，繼續如法炮製；反之，若能適時地表現出喜樂、無所謂，則讓他討不到樂趣。

2 喜樂，讓你在人前對比出不同格局：當有人刻意否定、激怒你時，不只他在等著看你反應，許多旁觀者也在觀察你；對照某些人的偏激與尖酸，你若懂得適時地微笑，則高下立判。

親愛的朋友，你對世局不滿嗎？你覺得有些人喜歡故意為難你、否定你嗎？我們必須承認這世界有些人並不友善，最好的反擊，不一定是要讓自己成為一個憤世嫉俗的人，而是讓自己成為一個喜樂的人！「喜樂，是你最好的反擊！」適時地展現你的微笑與從容，讓惡者敗興而歸，也讓你在人前對比出不同的格局。面對某些心術不正的人，祝福你別被激怒，「反擊」愉快。

B5 高級的善良，是在惡者面前挺直腰桿

您有被人重傷、忌妒、穿鑿附會放話過的經驗嗎？如果要堅持善良的原則，又該怎麼做？

在歷史上，巴比倫帝國曾有個高官名叫但以理，他是猶太人，信仰虔敬且能力甚好，是以當時的巴比倫王甚是喜歡他，當然，他的際遇也引起了部分的朝臣忌憚，故意設計他，逼迫他放棄他的信仰原則，否則就會惹來殺身之禍。若從現代的眼光來看，這是赤裸裸的「職場霸凌」了。當時「善良」的但以理怎麼應對？是作個入境隨俗的好好先生，放棄自己的信仰堅持？還是維持和氣，乾脆辭官，遠離那個環境，以免繼續跟那些世俗

的人相處？都不是！當時的但以理選擇挺直腰桿面對！後來，扳倒了那些居心不良的敵人。

如果當時但以理沒有挺住，選擇放棄信仰原則，或是乾脆遠走他處，那麼歷史可能會往負面的地方發展：那些居心不良的人可能就會因此掌權，他所餘下的位置可能由惡者接任，其他人見到這招有效，也可能會仿效這樣的爭權方式，整個國家的風氣也可能因而變得惡質。相信這也絕非善良的但以理所樂見。

許多人把「善良」這兩個字跟「退讓」、「不與人爭」畫上絕對的等號，但這幾年在社會上閱歷了些事後，我深深地體會：「高級的善良，是在惡者面前挺直腰桿！」

如果每個人對善良的定義都只是退讓，那有一天我們所處的世代將會被不對的人掌控；如果每個人對善良的定義都是一味地避開，那我們下一代的風氣將會變質，因為我們正在配合示範「以後用這種手段就可以成功逼退一個人」給後人看。

是以如果您明明沒有做錯，但有些人就是故意要用黑函、放話、攻訐等方式來批評您，您我當然不需以惡報惡、不必有樣學樣地用同樣的方式反擊回去，但我們該澄清的地方就強力澄清，該去導正的觀念就放膽傳講，不必任由惡者揮灑。因為我們的善良，不該是為了要成全那些惡者，不該是為了要把世界「謙讓」給那些充滿偏激、嫉妒、陰狠的人們，那樣做只會讓世界更糟。

高級的善良，是在惡者面前挺直腰桿！也許我們不一定能像但以理那樣立即見到惡者們潰散或改變，但「挺直腰桿」卻可以維持我們的價值與責任，讓善良被看見。

B6 人生不可能完美，但你要完整

埃及歷史上有位宰相名叫約瑟，他是猶太人，他的人生真的是高潮迭起。年少時，因為被哥哥們嫉妒，給當作勞動人口賣到埃及去了，然後在埃及被主人的太太色誘不成、誣陷性騷，之後鋃鐺入獄，在獄中幫了獄友，獄友本來答應出獄官復原職後要馬上替約瑟說話，結果可能是太開心了，竟忘了幫他說話了。但上天都看在眼裡，拖到最後，約瑟在一次際遇中幫了當時埃及的法老王大忙，讓法老王注意到這個猶太人，將之拔擢為宰相，而且還為埃及立下奇功。

最後更戲劇化的來了，當時災荒四起，但埃及在約瑟的治理下應對得宜，甚至還有存糧可以救濟外人。當初嫉妒他、賣了他的哥哥們，在不知情的狀況下來到埃及狼狽地討糧，約瑟一見哥哥們，五味雜陳，到了最後相認時，約瑟不但沒有報仇，反而回首這一路以來的境遇，說：「**從前你們的意思是要害我，但上帝的意思原是好的，要保全許多人的性命，成就今日的光景。**」在歷史上，我們沒有在任何文獻資料中，看到約瑟向任何敵視他、誣陷他、遺忘他的人們採取報復手段。

約瑟的人生歷經風霜，但他還是保有了善良與大氣。我們常覺得人生很難，但我很喜歡和人分享一句話：「人生不可能完美，但你要完整！」每一個人都是上帝按祂形象所造的，每一個人的形象都是榮美的，但在社會上經歷些事後，我們常會「失去」許多東西。

有些人在成功之前曾被人苦待，使其失去了原本的「**善良**」，讓他在成功之後無法和善地對待跟自己當年一樣正在奮鬥的後輩；有些人曾被人欺騙，被欺騙的經驗除了使其變得謹慎之外，也使其失去了原本的「**誠實**」，讓他覺得厚黑才是生存之道；也有些人常被人嘲諷，使其失去了原有的「**信心**」，忘了自己其實是造物主手中獨一無二的作品，變得軟弱而易怒；也有些人在工作中日漸麻木，失去了原本的「**喜樂**」，忘了讓自己常回到當初入行的初衷與使命感，在職場上成天表情僵硬。這個不完美的世代，常讓我們「失去」很多原本所擁有的東西，使我們失去了原有的完整。

人生不可能完美，但你要完整！這裡的完整又可解讀為「健全」，就如約瑟當年，他的人生上半場顯然沒有完美的家庭、完美的雇主、完美的難友，但他並沒有因此失去了應有的良善、信心等要素。他也許不是聖人，但他的人格保有了基本上的健全，這讓他的人生下半場「夠格」當個好宰相。

如果您發現這個不完美的世界已讓您在不知不覺間「失去」了很多良好德行，記得把它們給找回來，保有自己的完整，才能準備好承接將來更大的福氣。

B7 愛「瞧不起」別人的人，不代表比較「了不起」

有個故事，說到Z先生是位基督徒，身體健壯、身形高大，他常瞧不起某些身體不健康的人，他常說那些人之所以患有身體疾病，一定是得罪了上天，所以才被上天用疾病警告；而當面對某些憂鬱的人時，他更加瞧不起了，覺得他們就是因為「不知足」、「沒有信心」，所以才會陷入憂鬱。

然而，幾年後，Z先生離奇地得了某種自體免疫性疾病，不但身體痛苦不已，也讓他陷入尷尬的負面情緒。後來，他很少再發言貶低那些患有疾病的人了。那場突如其來的自體免疫性疾病，讓他成為更謙卑的人，向來在心靈層面自命高人一等的他，經過那場疾病後，真正活出了一個基督徒所應具有的謙卑樣式。

我在輔大醫學院職能治療學系每年都會教一門關於精神科疾病職能治療的課程，我常跟修課的學生們分享：碰到被憂鬱所困的人時，千萬不要有不必要的優越感，今天之所以我們穿著白袍、而他是病人，並不是因為「你比他了不起」，而可能是因為「上天沒有把加諸在他身上的苦難加諸於你」，否則，今天發病的很可能是你！

可不是嗎？這世上常有人喜歡消遣在低潮中的人，然而，許多愛「瞧不起」別人的人，有時並不代表他就有比別人「了不起」之處！在生活中，我們一不小心，就會瞧不起在某些方面失敗、落難的人，就會誤以為自己比他們更加高尚或傑出，若事實真是如此倒也罷了，但有時只是自己一時錯估。無怪乎保羅曾要大家把自己「看得合乎中道」，提醒後世別把自己看得太了不起，也別瞧不起別人。

愛「瞧不起」別人的人，不代表就比較「了不起」，可能只是沒遇到同樣的挑戰或誘惑罷了！願我們都能學習對別人多一份憐憫，也提醒自己多一點謙卑。

B8 成天討好別人，有天你會討厭自己

陳先生屬馬，也愛馬，所以總是喜歡跟馬有關的東西。這天，初學了陶藝的他，興高采烈地準備捏隻陶馬放在家裡作紀念，捏著捏著，一位同儕恰巧來拜訪，建議他：「馬兒太平凡了，頭上加支角，當獨角獸吧！我喜歡神獸。」陳先生不好反對，便幫馬兒的頭上加支角，那位同儕滿意地點頭離開了。後來來了個好談哲理的長輩，見他正在捏陶，便說：「不如幫它加對翅膀吧！人生就該時時如鷹展翅上騰才對。」陳先生不好反駁，便加上了對翅膀，那位長輩看了也得意地點點頭。後來，一個講求新穎的朋友來看了，說：「人要有自己的特色嘛，這作品太平凡了，不如再多加幾支角吧！這樣才顯得出不同。」陳先生也順了其意。

後來，作品完成了，擺在陳先生家裡，但愛馬的陳先生每逢夜深人靜時，看著這作品，便不禁有些惆悵。在捏陶過程中，他順應了旁觀者們的好惡與建議，但這作品哪還是一匹「馬」呢？

或許您會覺得上述故事中的陳先生很傻，然而，這卻是很多現代人人生的寫照。許多人花了太多時間去調整自己以「**討好**」別人，卻把自己的人生搞得大背初衷、處處受制、委屈遷就，最後開始「**討厭**」自己的生活，討厭這樣的日子。

親愛的朋友，**成天討好別人，有天你會討厭自己！**為何我們常會習慣性地成天討好別人？與其說是缺乏別人的肯定，更精準地說是我們自己缺乏「安全感」，但一個缺乏安全感的人，能從別人的肯定中填補而來的往往有限，治本之法，是要能看見自己的價值與目標。

說到「討好別人」，不禁讓我想到神學家保羅，這個人在歷史上頗有建樹，也很強調「愛」的實踐，但他曾說過以下這些話：「我豈是討人的喜歡嗎？若仍舊討人的喜歡，我就不是基督的僕人了。」「我們就照樣講，不是要討人喜歡，乃是要討那察驗我們心的神喜歡。」他素來強調人要有愛心，也曾有許多善舉，但他並沒有因此成為一個成天討好旁人的人，以致他晚年時可以歡喜、無憾地說：「所信的道我已經守住了。從此以後，有公義的冠冕為我存留。」

親愛的朋友，我們要懂得與人和睦，但這並非代表要一味地討好別人，這麼做無法讓您獲得真正的安全感。真正的安全感，來自守住當守的道，作一個有為有守的人。

B9 面對小人的態度，決定了此生的高度

您怎麼面對職場中的「小人」？或許沒有標準答案，而在歷史上，西元前以色列帝國的大衛王是個治國明君，他面對尖酸附勢的「小人」之態度很值得後世省思。大衛王的一生高潮迭起，其中在政治上最驚險的，就是他所愛的兒子押沙龍王子叛變，打得大衛王一路竄逃，幾乎奪走了他的王位。當然，這其中不乏有人在他落難時送暖，然而，也有原本在他轄下的人見他失勢了就落井下石，其中最具代表性的人物便是一個叫「示每」的貴族後裔。文獻記載當示每見到落難的大衛一行人經過時，便故意跟著大衛的落難隊伍「一面走、一面咒罵，並砍大衛王和他的臣僕」，當時他應該是研判大衛王不可能東山再起了，但是大衛王後來竟打敗了押沙龍的

叛軍，重登王位，示每這個人又「急忙與其他人一同去迎接大衛」，歡迎他重回京城。嘴臉轉換之快，令人不敢恭維。

「示每」如果生在今天的社會，會是個怎樣德性的人？你有沒有見過有些人在你狀況良好時，便跟著你蹭資源、蹭熱度，但當發現有人罵你或攻擊你時，他馬上跟著一起罵或馬上公開切割你！然而，不久後發現自己誤判情勢，或發現他實在還用得上你，便又開始獻殷勤，彷彿如此做就可以裝作沒事那般。這種嘴臉的人，在職場上或許不能說多，但也並不少見。

「示每」這種嘴臉的小人，難免令人作嘔，在歷史上，兩次大衛身邊的人都想替大衛出手殺了他，但都被大衛制止了。大衛落難時，制止身邊的人去殺那落井下石、嘲諷他的示每，理由是「也許上帝讓他存在我生命中有祂的美意」；大衛重返王位時，也制止身邊的人殺掉前來重抱大腿的示每，理由可說是「我既已重登高位，何必在眾人面前跟這種層次的人計較？」大衛這個人的格局很不一般！無怪乎成為西方歷史上有高度的君王。

親愛的朋友，你我面對小人的態度，決定了你我此生的高度。也許你我的成就並不像大衛王那樣崇高，但你我的身邊絕對也會出現像「示每」這種小頭銳面、逢迎鑽營的人，該怎麼面對？大衛王教了我們兩點：

1 相信他們的存在有上天的美意：

有時上天讓某些重利輕義、嘴臉噁心的小人出現在我們面前，不是要

「整」我們，他們雖然格局低下，卻可以讓我們看清楚一些事，甚至是省思自己身上還不足的地方，這些人出現在我們的生命中，可能是上天另類的祝福。

2 把時間與精力花在正確的目標上：

這種嘴臉的人，照理會讓人很想公開對付他們，公開還以顏色！大衛王重登王位時，便有人勸他應該當天殺了示每，大衛王卻說：「我豈不知今日我作以色列的王嗎？」話中蘊含著：堂堂一國之君，格局應該要大，怎可把時間與精力花在跟這種小人記仇上？的確，有人說「要看一個人的價值，就看他把誰當作敵人」，人的一天就是二十四小時，大衛王的後半生如果忙於報復「示每」這種層次的小人，那他就把君王的格局做小了，他哪有時間好好治國、開創新局？我相信大衛心裡也並不欣賞示每，但他知道自己此生該花精力的目標為何，在時間管理上，他沒有把太多時間用於處理私怨、而是用於實踐異象。

你我面對小人的態度，決定了此生的高度。小人不可愛，小人不可取，但上帝讓這些小人出現在你我的生命中，可能有其美意，可能是要提醒我們有些地方還不夠好，可能是要培育我們的格局與高度。願我們的人生不被小人的言行糾結，而是因此學習活出更美好的生命。

B10 別長成你所討厭的那種大人

多年前曾經聽過一位甫拿到博士學位的優秀年輕學者H先生，忿忿地提到其母校的指導教授們如何壓榨博士生，讓博士生成為學術廉價勞工，且態度如何倨傲，讓人對他的遭遇感到心疼。幾年以後，那位優秀的學者H先生，自己也順利回到大學任職，後來，我剛好有機會碰到H先生所指導的一位博士生，那位博士生在一次偶然的情況下，細數H先生如何巧妙地利用博士生們的研究成果為己私用、不顧及學生的生涯發展等等狀況。

我聽了不禁有些吃驚，今日這位博士生對H先生的行徑負評，不是跟當年H先生對自己指導教授的負面描述幾乎一樣嗎？事隔多年後，再次聽到近乎如出一轍的描繪內容，只是H先生被易位成了當年自己口中所罵的指導教授。

也曾見過一位S婦女，很討厭家族中某位長輩說話的方式，聽她描述那位長輩的說話方式時，忽然覺得很熟悉，這不也正是這位S女士平時的說話方式與口吻嗎？如果不是這位S婦女開頭先說，她是在講家族中的長輩，還真會讓旁人聽了誤以為她是在講自己。她不喜歡那位家族長輩的說話方式，自己卻在不知不覺中，學她學得唯妙唯肖。

每一個人都會長大，也都會在成長的過程中碰到許多令自己無法苟同的前輩，然而，人也常會在不經意間「長成我們所討厭的那種大人」！為什麼會這樣？其實《聖經》中有句話很有意思，提醒後世「不要因作惡的心懷不平……以致作惡」，很多時候我們看到某些前輩的行徑令我們無法苟同時，會心生不平與偏激，產生了「為什麼他可以而我不可以？」的忿然，「為什麼他可以這樣操作權力而我不行?為什麼他可以這樣說話傷人而我不行？」這樣的不平，久而久之，竟讓自己成了同樣的人。自己所不屑的前車之鑑，卻沒有引為借鏡、變得更好，反而無形中仿效之。這，是常見的人性軟弱！

每個人都會成長，但千萬別長成你所討厭的那種大人！別為作惡的長久心懷不平，以致自己無意間生出「為何他可以，我就不行」的潛意識來，這將會扭曲您原本的善良，讓自己也被複製成同樣的惡者。

B11 總是過度在意別人評價的你，累了嗎？

小美從小是個品學兼優的乖學生，也定時與父母參加各種有意義的聚會。從小被人給定位很「乖」的她，出了社會後仍希望繼續維持這樣的風評，是以別人給她的各種或好或壞的評價，她都很在意，別人給她打的各種無形分數，她一概放在心上。然而，她身邊的人有千千百百種，素質、說話動機皆不一，各種評價與期待都照單全收的她，慢慢失去了人生的方向，甚至壓抑、低潮到一度需要尋求精神健康專業的協助。

如上述小美的例子，在當今社會並非特例。容我問一句：「總是過度在意別人評價的你，累了嗎？」人類是群居動物，我們不可能「不在意眾人的評價」，但如果「過度在意別人的評價」，時間一久，絕對足以讓你陷入憂鬱、迷茫之中。

舉例而言，許多人可能會好心地稱讚我們某方面很好，但也有可能只是出於純粹善意或客套的讚美，如果我們僅為了繼續博取別人在某方面給我們的稱讚，而把心力放在可能未必適合我們潛力或前景的方向，恐怕會越活越累。

相反的，許多人會批評你某方面做得不夠好，當中有些人可能真是對你有所期勉，但也可能有的人就是為了要「防」你越做越好，成為他們未來的隱憂，是以故意先打擊、否定你。你如果太顧忌某些質疑的言語而不敢施展，只會讓自己陷入空轉。

許多人也可能會嫌你不夠「正統」，也許是你真有不足之處，但也可能是他們覺得你一個非學本行出身的，竟然能做得比學本行的更好，「見笑轉生氣」的情況下，既然無法批評你的成果，就只好批評你的出身。你如果急著把力氣放在迎合、討好他們，可能只會落得疲於奔命、顧此失彼。

也有的人可能會刻意批評你的成就或事業是「世俗」的，但其實職業的世俗與否，全看各人的工作心態。某些人之所以會故意形容你的工作成就很世俗，也許是出於善意的提醒，但也可能是因為他們自己過去無法經驗到你這樣的成就，看著眼前的你，觸動了他們心中對此生的遺憾，所以只好說你的成就很世俗，來防止自己落入吃味的光景。這或是人之常情，但你如果讓自己活在某些動機不純的論斷中，恐怕才真是看輕了上天給你的天職託付。

人生，總是會有各種琳瑯滿目的評價。在歷史上，保羅是一個很重視「人生目標」的人，他有句名言：「忘記背後，努力面前，向著標竿直跑。」何謂「忘記背後」？固然意義深遠，但至少包括了不要過度活在過去別人對你的讚美、恭維，或是批評、否定的話語中，因為這些可能會讓你無法聚焦在眼下該努力的目標上。

親愛的朋友，你總是過度在意別人的評價嗎？這樣的你，累了嗎？其實你不一定要活得這麼累！別人的評價，固然要聽，但不要「過度在意別人的評價」，上天給每個人有不同的特質、使命，願我們都懂得適度、適時地「忘記背後」，不過度活在過去眾人給你我的評論中，才能活得怡然自得。

B12 不與「好辯」者爭一時高下

曾讀過個故事，說到愛爾蘭大文學家蕭伯納有次經過一座獨木橋，迎面走來一個自恃甚高的人，對方見到蕭伯納，不屑地對他說：「請讓路！因為我從不給傻瓜讓路。」蕭伯納聽了後笑了笑，回他：「喔？那我跟您剛好相反。」便後退讓了路，說：「來，讓您先過。」

這是一個有趣的故事，蕭伯納當然有權利不讓對方過，他大可跟那個無禮的人在獨木橋上僵持個一天一夜，但蕭伯納是聰明的，他知道人生時間寶貴，不必浪費時間跟那人僵持，他可以把時間拿去做更多有意義的事。在歷史上，蕭伯納也確實成為一位有影響力、發光發熱的作家。

當然，現代城市中已很少有獨木橋這種「路」了，上述情節看似不太會發生在二十一世紀，然而若不小心，有時我們的「思路」可能會比故事中的獨木橋還狹窄。有時您我會限定周遭人士只能在我們所設定的思路獨木橋上表態，並且喜歡把所有的問題都簡化為二分法的是非題，無法接受申論題；而且出於血氣地只願前進、不願退讓，若遇到跟自己思路方向不同的人，我們會強攻到對方退讓為止，有時即便只是在很小的問題上，旁人有不同方向的思路，也會不惜搬出重話加以攻訐。

如果上述狀況已成為常態，曾有精神健康專家前輩形容這樣的狀態為「好辯型人格」，其實這種人格者常因為過於自義、激昂，反而會有少部分比例者能產生某種遠觀魅力，然而，更大比例的好辯型人格者，會因為失去友誼、失去厚道、失去學習的機會，落入光景不佳的窘態。是以千萬不要讓自己落入這種好辯的習慣而不自知。

那怎麼面對這種好辯型人格者呢?其實想一想，好辯者雖然於己無益，但法律上並沒有禁止好辯，好辯是他們的權利。然而，不要花時間在他們狹窄的思路獨木橋上跟他們僵持，也是我們的權利!請不要覺得我在談「情緒管理」，其實我談的是「時間管理」。

不與「好辯」者爭一時高下，有時他們在某些議題上的思路設定，就如狹窄的獨木橋，且偏執地只要別人禮讓自己前進。但人生的路何其寬廣、多樣，不要在某些人狹隘的思路獨木橋上跟他們對峙、辯論、爭高下，《聖經》上說「不可為言語爭辯；這是沒有益處的，只能敗壞聽見的人」，也說「要愛惜光陰……不要作糊塗人」，您應該把時間多花在栽培自己成為更好的人。

別讓好辯型人格者消磨了您的人生。其實他們也很辛苦。對那些總喜歡在自己設定的思路獨木橋上找人對峙的他們，報以惻隱，而非動氣花時間攪和進去爭一時高下。

B13 喜樂的祕訣，就是別一直活在「控訴」裡

不知你有沒有發現？這個世界充滿了許多有心或無意的「控訴」，比方說「你是一個不夠好的母親」、「你是一個不夠好的配偶」、「你不夠優秀，不配有這樣的成就」、「你做得太少」、「你沒有資格做這件事」……這些話也許出自不同人的口，然而我們若常讓這些話在腦海中不斷重播，同樣的結果就是被奪去了應有的喜樂。喜樂的祕訣有很多種，其中一種生活態度，就是別讓自己一直活在「控訴」裡。而如何不讓自己一直活在控訴裡？有幾點是我們可以體認的：

1 某些控訴可能出自無心：

有些人可能是對他自己的人生不滿，或是出於某些精神壓力，氣急之下想為自己的情緒找宣洩的出口，不幸的你我則成為了他的出口，是以被他指責「都是你不夠好」、「都是你做得不夠多」……所以才害他如此。但這些指控有時顯然並非客觀事實，對方也不是有心的，只是一時情急口快，是以千萬不要讓自己活在這種無心的控訴中。

2 某些控訴可能出自無知：

許多人批評你，是出自於無知或狹隘所帶出的偏激。千萬別讓自己活在某些狹隘思維的控訴裡，如果你照那樣的期待去規劃自己的人生，可能會複製他們的眼界與格局。

3 某些控訴可能出自惡意：

這世界上有許多人責備我們可能是出於善意，但也有很多看似公道的控訴，其實背後的動機純粹是為了打擊我們、阻止我們更好，或是防止我們成為其潛在對手。然而，讓自己更好，卻是我們應有的責任。

喜樂的祕訣，就是別讓自己一直活在某些「控訴」的言論裡，別人有權利講，但我們也有權利選擇性地予以忽略。事實上，一直讓自己活在控訴中的人，不但會是「受害者」，久而久之也會變成「加害者」，會因久被否定而心生苦毒，開始變成另一個也愛用刻薄言語去攻訐、控訴別人的人。不要把某些控訴你我的言語放在心裡太久，讓自己找回喜樂，也確保自己的心不變質。

施P會談室
光，有強身健骨的作用

當一個人活出應有光芒時，能在社會上有何效果？答案肯定不止一種。若說到「光」的效益，我不得不聯想到，在醫學上，適度的陽光刺激可以使人體生出維他命D，進而產生許多人所謂「強身健骨」之作用。

當我們的言行成為世上的「光」時，也能為人們的心靈健康產生「強身健骨」的效果！特別是這世上的酸言、酸民不少，甚至一不小心我們自己也成為酸民，我們都太需要有強健的心靈，去面對這世上的種種酸言酸語。

誠如本部的部名〈世界的酸言無法否定你的價值〉一樣，願我們用一顆陽光、健康的心去面對某些偏激、不友善的言論，繼續活出自己應有的價值。

PART C
把燈放在燈台上

該你發光的時候，
不用過謙，不必怯懦，
勇敢並努力地發你該發的光，照亮有需要的人。

C1 追求「職稱」之前，先讓自己「稱職」

曾經有兩個名校畢業的青年人，兩個人都胸有大志，起初一同到了某家機構擔任同樣的基層職位。其中一個總覺得自己實在是大材小用了，總是不甘於現狀，覺得以自己的條件，該擔任更高的職位，時常高談闊論、表達抱負；另外一位，則總是把所有上級所交辦的瑣事處理好，甚至處理得別出心裁。三年之後，兩個同樣期待自己能大有作為的人，前者還在原地踏步，後者則已升遷為主管。

我很喜歡一段名言：「人在最小的事上忠心，在大事上也忠心；在最小的事上不義，在大事上也不義。」許多人用這段話來叮嚀現今職場上的人們，要懂得把「小事」做好，的確，也許去做某些小事看似無法符合自己的理想，但能否做好它們，往往是職場上檢視一個人的初步指標。

我們都不是聖人，很難對工作上的「職稱」完全無感，但常忽略了在追求「職稱」之前，需先讓自己「稱職」！有時我們得先把分內的小事給做好，才能有更進一步做「大事」的機會；如果只是一味地自我感覺良好，無法落實某些別人所託、但自認無益於己的任務，久而久之，將使自己失去進階成就大事的機會。

追求「職稱」之前，先讓自己「稱職」！與其成天宣告著要一步登天，不如先藉由現階段的一些小事來精進自己的能力、展現自己的品德與人格特質，讓自己德配其位，久而久之，該是您的職位就會自然出現。願我們都有在「在小事上忠心」的謙卑與智慧。

C2
你的努力，必須配得上你的口號

本書提到「發光」，很多人都覺得這主題很正向、陽光，然而，發光往往需付上相當的努力代價。

在歷史上，有許多以少勝多的戰役，常被後世所津津樂道，包括英法百年戰爭中的阿金庫爾戰役、東漢末年的赤壁之戰等等，而西元前以色列人政治領袖基甸，只率領三百人便大敗敵軍的故事，亦是著名的以少勝多戰役之一。基甸只率領了三百位菁英，便殺得數倍的敵軍一片混亂、措手不及，最終取得勝利，並為自己贏得了眾人的信服與地位。按記載，他帶領著區區三百人在戰場上大喊「耶和華和基甸的刀」的口號，擊敗數量龐大敵軍的那種情景，即便我們不在現場，都可以感受到那種振奮人心的氣勢。

很多人都說，基甸的勝利是一場奇蹟、神蹟，因為這種勝利法太可遇不可求，太令人驚喜了！是以當後世許多人們再提起「基甸」時，已不只是一個人名，有時更是一種形容詞，象徵著奇蹟與勝利的形容詞。然而，我們常容易忽略了文獻記載中的另一段話，記錄著當年基甸在該次戰役中的表現，文獻中寫著：「基甸和跟隨他的三百人到約但河過渡，雖然疲乏，還是追趕。」

何謂「雖然疲乏，還是追趕」？顯見基甸在該次戰役中，付出了極大的努力作為代價，他奮力追趕敵人，到了雖精疲力竭卻仍不鬆懈的地步。

他並沒有把成敗的責任完全推給上天，他奮力地盡上了自己身為軍事領袖的本分。

基甸能成功，並非只是光靠神聖的口號。這世代，許多人想要像基甸當年那樣「發光」時，都會用宣告、立誓的方式，來祈求上天的賜福，希望能經歷基甸當年那種奇蹟式的勝利，然而我們卻不常提醒自己，要懂得當一個像基甸那樣「雖然疲乏，還是追趕」的付出者。努力，是當年基甸能發光、能成功的重要態度。想成功不能只靠高尚的口號，**你的努力，必須配得上你的口號**。

親愛的朋友，你願不願意做一個嘗試？現代人的生活都很忙碌、疲乏，但如果你真希望能在某方面發光，**你願否每天再擠出一個小時來精進**

自己在該方面的實力？你若一週能有五天這樣做，一年內就有二百多個小時的練習時間，其實就足以讓你在該方面有不同以往的表現。

基甸當年的光芒，並不是光靠口舌上的氣勢而成，也不是靠守株待兔的幸運而得；他追趕敵人，到了即便已精疲力竭，卻仍然繼續努力的可敬境界。發光，需要付上努力的代價，願我們在看到基甸所經歷的神蹟之時，也懂得看到他所付上的努力，並效法他的精神。

C3 你的使命感，大過你的委屈嗎？

在這個世界上我們應該找不到一份工作或身分，是沒有伴隨任何委屈的。即便是您我做到了自己人生中第一志願的工作，一定還是會有在當中受委屈的時候，畢竟這個世界不可能如我們所欲的完美。

最近讀主流出版社兩本提到馬偕的書《馬偕傳》、《美麗之島》，裡面除了提到馬偕對台灣的貢獻之外，也提到當年馬偕來台時所處的「就業環境」。當時許多台灣人對外籍宣教士有偏見，說他們會「挖死去信徒的心臟和眼珠去製藥」；清法戰爭時，雖然馬偕是加拿大人，但因為都是外國人，被許多台灣民眾視為跟法國人是一掛的，便加以排擠甚至破壞教堂。

面對上述這種職場霸凌、假新聞，馬偕不委屈嗎？我相信他當然委屈，但面對這個曾經深深傷害過他的土地與人民，他晚年卻做了一首詩，當中提及：

「我全心所疼惜的台灣啊！我的青春攏總獻給你，
我專心所疼惜的台灣啊！我一生的歡喜攏在此。
我心未通割離的台灣啊！我的人生攏總獻給你，
我心未通割離的台灣啊！我一世的快樂攏在此。
盼望我人生中的續尾站，在大湧拍岸的響聲中，
在竹林搖動蔭影的裡面，找著我一生最後住家。」

我們很難想像這個曾經帶給馬偕如此難堪與誤解的島嶼，竟仍能讓他在後來作出這樣詩句詮釋，為什麼？他不委屈嗎？我相信他也會感到委屈，然而，他的使命感遠遠大過他的委屈！所以他能夠繼續留在台灣做他該做的事。而歷史也給了他回報，如今，台灣以「馬偕」命名或尊他為創辦人的醫院、學校、機構四處林立，他的使命感，讓那些曾經針對他的職場霸凌、假新聞……都成為過去式。

親愛的朋友，天底下沒有工作不委屈的，與眾不同的關鍵，在於「你的使命感，大過你的委屈嗎？」每個行業都有各自的辛苦和委屈，找到自己人生的使命感所在，方可活出不一樣的風采。

C4 這世界很殘酷，但有信仰可以讓你很酷

前陣子我深深被一個真實故事所感動。莊小姐本來是個美麗活潑的年輕女孩，但在一次火燒車的意外中，她不但面容全毀，全身百分之七十以上三度灼傷的她在歷經三次截肢手術後，失去了三肢、只剩下右手。曾經，她恨這個殘忍的事實，恨自己為什麼要像個怪物一樣地活著。

然而，基督信仰慢慢幫助她走出陰影，她發現，這些殘缺也可以是一種「獨特」，而她也開始選擇用這樣的獨特去幫助有需要的人。後來，她穿著一雙義肢，四處在一些公司行號演講，或利用媒體專訪的機會繼續傳遞信仰帶給她的幫助與正能量，甚至她還把自己的心路歷程寫成一本書

《酷啦！我有一雙鋼鐵腳》。

其實，這世上的苦難除了上述莊小姐所經歷的意外，「職場霸凌」也是很殘酷的社會現實面；無獨有偶，西方歷史上著名的帝王詩人大衛王，在〈詩篇一二〇篇〉的禱詞中這樣寫：「我與那恨惡和睦的人許久同住。我願和睦，但我發言，他們就要爭戰。」不知道這樣的心境描繪，是否讓某些歷經職場霸凌的上班族讀了頗有共鳴？但大衛王晚年回顧自己的一生時，卻充滿了感恩與謙卑。我相信他年輕時所經歷過的這些霸凌或委屈，因著他有信仰，這些遭遇反而拓展了他的視野，砥礪了他的志氣；後來人們在歷史上只要一提起大衛王，大多會覺得他是一個頗有個人風格與客觀成就的君主。

說真的，這世界很殘酷，隨時會有意外、病痛、疫情，在社會上即便你性格不好戰，也冷不防會有人想害你、鬥爭你、見不得你好。的確，這世界真的很殘酷，再虔誠的教徒也無法豁免苦難，然而，有信仰卻可以讓你在某些試煉中，表現得很酷！就如同莊小姐能說出「酷啦！我有一雙鋼鐵腳」這樣的表態，靠的絕不是自己的耐力，而是靠信仰的力量。

親愛的朋友，也許你正經歷某些病痛、職場壓力，看看莊小姐與大衛王所記錄的心情故事，期勉自己：這世界很殘酷，但有信仰可以讓你很酷！

C5
愛，就是給別人留一點餘地

我曾有個大學部的學生，她在學時我跟她並不算熟，但她大學畢業前的專題找我當指導教授。那一天，她報告得並不好，口條跟台風雖不錯，但沒甚麼內容，看得出來之前沒甚麼準備、沒閱讀幾篇論文就來報告了，她是那天報告的幾個學生中最沒內容的，這點她自己心裡也有數。

那天專題報告完，我決定還是跟她講一下她的狀況，我還記得我下課走向她、叫她名字時，她有些意外且緊張地站了起來，看著我，我忽然想：「我該怎麼表達比較好呢？」突如其來的靈感促使我跟她說：「妳今天的專題報告，我看得出來妳沒花甚麼時間去準備，但妳卻講得很有條理與架構，這代表你組織的能力很好！雖然這次我沒辦法給妳較高的分數，但我覺得妳很有潛力，所以我鼓勵妳未來繼續念碩士班。因為以妳這種有條理的表達功夫，只要肯用功充實內容，寫個碩士論文拿學位，根本難不倒妳！」她聽完眼睛瞪得大大的，看著我好幾秒。

後來，她還真的去念碩士班了，事後她跟我說：「我就是因為您當年的那段話，才繼續讀了碩士班。」畢業後，她也把碩士學位用得淋漓盡致，她的收入跟當年班上的其他同學相比算是高的，並且在畢業後跟我成為好朋友，給了我很多幫助。我常想，如果我當年在她大學畢業專題報告完後，臭罵她一頓，她很可能就不會再去念碩士班了，而我應該也會在社會上少了一位得力助手。

我也曾經有另一位男學生，他的學習態度，使得他在校念書時成為很多人眼中的問題學生，其實也包括我在內。後來，我曾單獨請他吃了頓飯，並在飯局中跟他講了很多心裡話。畢業後，他並沒有走醫療本行，但也過得還算不錯。有一年，我們系上照往例辦了「系友回娘家」的活動，他竟也現身了，我看到他有點意外，會後，他把我偷偷拉到一旁，說：「謝謝，從您身上，我學習到『再給人一次機會』的重要性，如果當年沒有老師的幫助讓我能畢業，我應該會很辛苦，沒辦法有今天的景況。」其實我早已記不太清自己曾跟他講過甚麼，或曾給他哪些具體的幫助，但或許他的感受很深，是以多年後他還特地回來，說他從我身上學到了「再給人一次機會」的重要性。

這社會很多人喜歡講「愛」，愛台灣、愛家園，但往往我們所活出的

「愛」，卻是「急著去攻擊跟自己意見不同的人」。然而，真正的愛應是懂得「給別人留一點餘地」。不是不能去指出某些人的錯誤，但是要記得給當事人留一點餘地，不要把人給罵盡、罵透、罵到下不了台了，這種方式，若還硬包裝在「愛」的口號底下，只會讓人覺得違和。

各位不要誤會，我不是鼓勵大家當沒原則的濫好人。有愛心的人不是做事徇私、沒有原則，而是有「再給人一次機會」的智慧與雅量。願我們都有這樣的智慧。

愛，是在秉持原則的同時，也給別人留一點餘地與顏面。當我們肯這麼做時，上天也必給我們回報。

C6 別把他人的成功，視為自己的失敗

M小姐是個有才華的青年，出國念了某種特別的碩士學位歸國，怎奈該碩士學位的專業在國內極少有對等的職缺。然而，國內卻有別人將那項專業運用在自己的領域，且運用得有聲有色。

這讓M小姐看了大感吃味、不平，覺得自己辛苦學了的專業，怎麼可以有別人做得比自己還成功呢！開始在背後惱羞成怒地批評，做得比她成功的人都是不正統的、不應該的，但是這樣的毒舌不僅得不到甚麼共鳴，反而讓她把心思都放在鑽這些牛角尖上。最後，M小姐的心態形成了惡性循環，她所謂的專業無法心平氣和地發揮出來，甚至因為長久的偏激不

平，生涯發展甚是不順，甚至最後還需要精神科的治療師協助處理情緒問題。

上述案例中的M小姐不是個壞人，也不見得是個沒有能力的人，卻是個不快樂的人，原因為何?因為她犯了個心態上的錯誤，她「把他人的成功，視為自己的失敗」！當她看到別人的成功時不是滋味，認為別人沒資格、也不應該比自己成功，最後被捆綁在自怨自憐的莫名情緒中。容我這麼說，這種心結在今天的社會上並不少見。

其實，別人的成功，並不代表你我的失敗！別人有很好的學歷，不代表沒念到最高學位就是失敗，誰說學歷就代表一切的呢?別人的工作平步青雲，也不代表數十年如一日就是失敗，誰說平凡不是一種福氣呢?別人有很風光的名聲，也不代表默默無聞就是失敗，上帝更在乎的是我們的內在品德而不是外在名氣。所以千萬不要把他人的成功，視為自己的失敗！平心靜氣地看待別人的成功，反而可以從中擷取、省思你我得以學習的課題。

別把他人的成功，視為你我的失敗！人人有自己的精彩，人人有不同的福氣，看見自己生命中的祝福，少花時間在背後挑剔、酸言批評比自己成功的人，才能讓自己更喜樂而卓越。

C7 把你的敏感，用來發掘別人的優點

我過去在精神科日間病房帶團體治療時，很喜歡帶個案們做一個活動：讓大家圍著桌子坐一圈，每人發一張白紙，讓每個人在白紙右上角寫上自己的名字，然後向右手邊傳，拿到別人白紙後，每個個案要寫出右上角那名字的人一個優點，寫完後再繼續傳下去，但優點盡量別寫重複。等傳了一輪後，每個人會再拿到當初右上角寫了己名，以及滿是大家寫了自己優點的白紙，當然在這過程中也寫了在場其他每個人的優點。

許多個案都曾跟我說，這個簡單的活動對他們幫助甚大，甚至有人百做不厭，覺得這個團體治療既療癒又發人省思。

這個世代，很多心思敏感的人往往不快樂，甚至衍生出精神健康問題來，因為常覺得有些人似乎在針對自己、擔心某些人是否話中有話，或是到處看到身邊的人們不完美的地方。久而久之，變得敏感而易怒。

其實，「敏感」這種人格特質，不見得是壞事，如果我們能夠「把敏感用來發掘別人的優點」，而不是用來挑剔別人的缺點，或處處覺得旁人對不起自己，我們的人際關係會好上許多。在現今的世代，人際關係所能帶出的競爭力，並不亞於學歷或家世。

而如果我們能夠「把敏感用來洞悉上天的恩典」，我們會覺得每天都有好多的小驚喜，也許是一到月台就馬上等到你要等的車，也許是行經公園時看到一隻平常少見品種的鳥類，也許是工作上某件事比平時更快完成……如果你夠「敏感」，你將會發現，上帝每天都為你精心設計、量身打造了好多專屬於你的小確幸！這些都是祂愛你的表現！

我常聽人訓誨某些人：「你不要太敏感！」然而人格特質常是與生俱來的，敏感，可以是一種祝福，把你的敏感用來發掘別人的優點，把你的敏感用來體悟值得感恩的小事情，這樣的敏感不但不會使人生病，反而使人身心更加健康、更有競爭力。你說是嗎？

C8 長期的憤世嫉俗，是一種自虐

曾聽過一句話：「手裡一直握著鐵鎚的人，會覺得看什麼都像釘子。」其實，鐵鎚配上釘子，可以做出很多有建設性的成品，但如果把什麼都看成釘子，不但難有建設性，反而要成個破壞狂了。

P先生是個以文人自居的男子，他相信世界上有太多不公平的事，必須靠有人多多仗義執言，這社會才能更好。然而，久而久之，當有人分享自己的成功經驗時，他便會不屑地說那人是「驕傲、高舉自己」；當有人討論某些人外型漂亮時，他會馬上認定那些人「膚淺、只看外表」；當有人鼓勵大家應當上進時，他會說這種說法「世俗、好利」；當有人對某些少數族群或新興專業有所指正時，他會說這是「打壓」，是「既得利益者的傲慢」。

P先生習慣性地以反向思考批評了這麼多人，他所處的環境是否變得更美好、更和諧、更正義？似乎也未必，更糟糕的是，把時間全用在攻擊、質疑別人的P先生，到頭來自己一點成就都沒有，甚至這樣的習慣，讓他在日常生活中把家人的許多小缺點也都放大解讀，搞得全家雞犬不寧，最後自己什麼建設性的成就都沒有，什麼專長都沒有養成，唯一成的，恐怕是讓自己不快樂也不受歡迎。

這個世界的確有許多事情值得我們去評論，然而，我喜歡這樣形容：長期的憤世嫉俗，是一種「自虐」。如果你我讓憤世嫉俗成了一種習慣，甚至成了一種反射性的言行，那將會毀了我們自己的心情、毀了我們自己的人緣、毀了我們自己的前程，到了最後，最痛苦的一定會是我們自己！

這世界縱有許多值得憤慨的事情令我們生氣，但都不值得讓我們變成憤世嫉俗的人，都不值得我們因而扭曲了自己的人格，無怪乎《聖經》有句至理名言「不可含怒到日落」，提醒我們可以生氣，但別氣太久，別氣到變成一種習慣。

長期的憤世嫉俗，是一種「自虐」！怒氣要適可而止，別讓自己成了個自虐狂卻不自覺。

C9

信心就像肌肉，是需要鍛鍊的

許多領域的傑出人士都不否認「信心」的重要性，而在猶太民族的歷史上，曾有位名叫亞伯拉罕的智者，他有個很威的別號叫做「信心之父」；然而，回顧有關他生平的文獻，會發現這位所謂的信心之父，雖然常有可圈可點的表現，但也常有軟弱或是躊躇的時候，甚至曾因為信心不足而決策貪快，為家族後裔的分裂埋下了因子。

是以如果您單看亞伯拉罕人生前中段的表現，您會懷疑這樣的人在信心上配作大家的榜樣嗎？然而，到了生命的後期，他完全不一樣了！沉穩、大氣，被後世所推崇，是以在歷史上，他贏得了「信心之父」的雅號，後來的他當之無愧。

信心很重要，而信心究竟像什麼？每個人有不同的譬喻。身為精神健康學者，我喜歡這樣比喻：信心就像肌肉，是需要鍛鍊的！

可不是嗎？信心就像肌肉，沒有人的信心是天生的，也沒有人的信心是可以靠旁人給的。真正的信心，得你我在日常生活中實際去「鍛鍊」才會有！甚至還要保持習慣，若安逸久了，信心也就漸漸鬆弛了。

信心就像肌肉，都是鍛鍊來的！我們是否只願活在自己的小圈子，不敢踏至未知地、迎接新挑戰？在日常生活中懂得承接適切的挑戰，懂得相信造物主的美善，慢慢地，你的信心就會越來越健壯，心智也越來越健全。

C10 你的歲月是把殺豬刀，還是雕刻刀、手術刀？

曾經跟一位前輩教授往來，他的態度極其謙和，有一次他分享，自己年輕時因為學歷高、脾氣衝、講話直，被人形容為「橫行霸道」，跟後來大家眼中的他完全不同。他自己笑稱，年紀大了，很多事情看得多、體悟多了，也就變謙卑了。其實不是每個人都會隨著歲月而變謙和，但他有做到。

我也認識一個朋友，她年輕時曾為某件事耿耿於懷，一提起就會歇斯底里，十多年後再遇到她，偶然間觸及同一件事，她已不再那樣激動，反而可以釋懷地侃侃而談。不是每個人的傷痛都能隨著歲月而釋懷，但我很開心她做到了。

許多人過中年後會說：「歲月，是把殺豬刀！」為何？主要指的是許多人覺得年紀增加會讓人的外貌不再美麗，特別女性朋友對此的感慨似乎比男性更深刻。在生理學上，我們很難避免外貌的老化，很難否定歲月是把殺豬刀。然而，**歲月也可以是把「雕刻刀」，可以雕塑人的品格，讓一個人從橫行霸道變得謙沖自牧；歲月也可以是把「手術刀」，醫治人心中的某些創傷。**

在歷史上，以色列人的民族英雄摩西年輕時很衝動，曾揮拳打死人而逃亡，但幾十年後，年邁的他品格已截然不同，不再是那個會動輒揮拳打人的摩西，歲月對他而言，就像把雕刻刀。埃及歷史上有名的丞相約瑟，年輕時被兄長們賣到埃及，他心中不怨恨、不傷痛嗎？我相信一定會，但後來的他並沒有報復兄長們，多年後那些傷痛已因著他的信仰而被修復，歲月對他而言，就像把手術刀。

當然，並不是每個人的德行都可以隨著歲月而提升，也不是每個人心中的怨憤都可以被時間療癒。是以歲月對於某些人而言，真的就只是把殺豬刀，而無法是雕刻刀、手術刀，實在可惜。

你的歲月是把殺豬刀，還是雕刻刀、手術刀？很多人很怕老，的確，我們無法阻止自己在生理上老去，但如果我們願意，我們可以在歲月中慢慢修養、提升自己，讓自己成為一個更好的人。事實上，你的歲月如果能夠發揮雕刻刀、手術刀的功效，你的「氣質」將會完全不一樣，會活出一種年少時所無法企及的光采與氣派。

C11

跌倒了，可以多坐一下再爬起來

之前在精神科臨床上曾有不少個案對我說，他們在病程中其實很不喜歡聽到「加油」、「要開心一點」這類的話，這些鼓勵的話雖然出於善意，但身心面臨低潮的時候，聽起來反而徒增困擾與被責備感。

從小，許多人在作文課都會寫出「跌倒了，再爬起來」這類的傳統勵志句，這句話當然沒有錯，然而，就精神健康而言，有時我卻喜歡說：「跌倒了，可以多坐一下再爬起來。」有兩個原因：

1 容許自己有難過的空間：

沒有人是全然只有正向情緒的，人本來就需要一點空間與時間來梳理自己的情緒，我們沒有義務要配合某些人的期待而假裝堅強、假裝沒事，勉強站起身。一個人跌倒了如果能馬上站起，固然可喜；但若只是成天假裝喜樂、假裝有信心，久而久之，恐怕會「內傷」得更嚴重。

2 容許自己有構思下一步的時間：

許多人為什麼會在人生的路上「跌倒」？其實可能是因為走了一條不適合自己的路，所以才連連失足，這時候若急著馬上站起來繼續走，恐怕還要繼續跌。不妨先坐一下，思索自己的路線與特質，思索下一步的方向，想好了，再起身，讓自己的下一步走得更有方向。

跌倒了，能馬上站起來固然好，但您也可以選擇多坐一下再爬起來，容許自己有難過的空間，有構思下一步的時間，當您再爬起來時，您會更容光煥發。

C12 最高級的善良，不是為了取悅誰

在歷史上，西元前猶太人的民族英雄摩西是個令後世津津樂道的人物，除了他領導統御的表現之外，他的品格、良善更是讓人有目共睹。有一次為了解決眾人沒水喝的問題，他要祈求上天的幫助，其實這是一件善舉，而且肯定會是一幅很溫馨的畫面，但當時的文獻卻記載他是「離開會眾」去做這件事，從某個角度來看，摩西並沒有刻意把這樣的善舉「秀」在人們面前。

另一則歷史上的著名善事，結尾的方式也很值得深思。有一次耶穌想方設法餵飽了五千個以上的群眾，這是何等的善舉，令人振奮不已。民以

食為天，耶穌為一大群人解決了吃飯的問題，這絕對是足以替自己衝高人氣指數的善行！但耶穌並沒有要眾人回報、或選擇在場繼續接受眾人的掌聲，文獻記載，耶穌在解決了眾人的難題後，居然是「叫眾人散開」，自己也離開了該處。祂在行了這件嘉惠眾人的大善事之後，也選擇了暫時離開群眾。

我很喜歡上述的榜樣！我們可以省思而得出：最高級的善良，不是為了取悅誰。可不是嗎？在這個講求功利的社會，很多時候我們所做「所謂的善事」，其實骨子裡不一定是單純的善，可能只是想取悅眾人、取悅同事、取悅廣大的網民。刻意外顯的善行看似並無不妥，但若我們行善的動機落入事事只以取悅人為前提，久而久之，反而會讓你我感到無比的「累」，感受不到單純行善的那種怡然與價值。

摩西、耶穌當年做某些善事，是出自心中一股使命感，以及對眾人的愛。他們不是為了替自己取悅誰，而是為了回應心中那股使命感和愛，是以他們有動力能樂此不疲。

親愛的朋友，當你在職場上做某些善事時，是為了「取悅」眾人，還是單純為了「回應心中的使命感和愛」？前者看似精明，但久而久之會讓你我陷入患得患失的負面情緒中，後者卻能讓我們感受到助人真正的喜樂。

做善事沒有不好，但你我的善良，不是為了取悅誰。行善後所獲得的掌聲與光環固然值得珍惜，但心中對眾人的使命感與愛，這份單純的善良更值得你我培養，也更能使社會變得更美好！願我們都找到心中屬於自己的那份熱情與使命感，作一個真正良善、平安喜樂的人。

C13 有一種愛，叫做「不比較」

有位老母親有三個兒子，其中一位非常優秀，學經歷耀眼，且身處高位，但另外兩位就很平凡，既沒念過名校，也沒什麼傲人的頭銜。有一次，她那居於高位的兒子又有正向的公開表現，於是有記者來訪問那位老母親：「您的兒子這麼優秀，身為母親，您應該覺得很榮幸吧？」沒想到，那位老母親竟回答：「喔，我有三個兒子，在我心目中，他們每一個都很棒！不知道你現在問的是哪一個？」

這是一位何等「成功」的母親，她的成功不在於她養出了一位地位顯赫的兒子，乃在於她懂得作一位「不比較」的母親，在她心目中，她的三個兒子都一樣棒！可不是嗎？愛有很多種形式、很多種代名詞，而有一種愛，就叫做「不比較」。每個人都有不同的際遇、不同的優缺點，更現實的是：每個人到了一定年紀後，都會慢慢定型。其實，只要人的缺點不至於危害他人、傷天害理，我們能否有適度地不拿他人作比較的智慧呢？

其實這在很多關係中都適用。試想：如果一個太太常拿自己的先生跟別的男人比，去埋怨、比較自己先生的賺錢能力、家事能力……等，她的先生聽了就會因此改變收入或能力了嗎？也許會，但更大的可能是會換來婚姻的破裂。反之，如果一個男人總喜歡拿別的女人的身型外貌、理財能力來數落自己的太太，恐怕也是對彼此關係的一大傷害。

有一種愛，叫做「不比較」，特別是當一個人的成就或表現已經定了型之後。也許很多人要說：「這個世界競爭很激烈，哪可能不比較呢？」對啊！說得沒錯，這個世界很現實，很愛比較，所以您所在乎的人才更需要您的「愛」，所以您的「不比較」才更顯得彌足珍貴，否則，您對他的態度跟一般世俗的功利眼光又有何不同？您憑什麼說您在乎他？

我們當然可以對所愛的人有所期勉、有所激勵，但千萬別忘了更重要的事：愛，是一種接納；接納，從懂得適度地不比較做起。

施P會談室

光，有照亮、保暖的作用

我是輔仁大學醫學院的教授，我一直很喜歡輔大醫學院的院訓——「成己達人」，這句話的內涵是除了要督促自己成為上進的人之外，也要懂得讓自己的成就能帶動、造成別人的幸福與福祉，其實就是「發光」的概念。

本書談到在社會上發光，而在歷史上，耶穌曾用一個很有深度的比喻勉勵眾人：「人點燈，不放在斗底下，是放在燈台上，就照亮一家的人。」其實當人把點亮的燈拿出來時，用途可多著呢！不但有照亮的作用，有時更有保暖的作用。

可不是嗎？這個社會常有些事讓我們覺得很黯淡、心寒，我們太需要做一些能照亮、溫暖彼此的事。是以在本書的第三部〈把燈放在燈台上〉中除了有〈你的努力，必須配得上你的口號〉、〈你的使命感，大過你的委屈嗎？〉等篇章探討上進與努力之外，也有不少文章談到如何為別人帶來幸福，包括〈把你的敏感，用來發掘別人的優點〉、〈最高級的善良，不是為了取悅誰〉、〈有一種愛，叫做「不比較」〉等，都是期待我們能活出「光」的保暖效果

這是一個常令人感到心寒的社會，但只要您願意，還是能成為一個上進且溫暖的人。

PART D
叫眾人看見你的好行為

發光，不必然是功成名就，
活出好的行為，就是發光。
好的品格，比好的成就更能照亮、溫暖旁人的心。

D1 你的鋒芒，記得帶點善良

曾有位很有名的年輕作家受邀到某間偏遠地區的教會去演說，他的不少著作早已被當地人所熟知，在該教會的那幾場演說也很成功，在旁人眼中，這是一次令他意氣風發的演講行程。而在演講尾聲時，有位當地的會眾舉手提問，半開玩笑地說：「你怎麼可以講得這麼好？我們教會的牧師就講不出這樣的東西。」語畢，不少會眾哈哈大笑，讓在場的牧師有些尷尬。而那位年輕作家馬上接著說：「您們會覺得我講得比您們的牧師好，是因為我偶爾才來講一次，但您們的牧師卻每週講道給您們聽。我可以把一整年的的精華濃縮在幾次演講中，但您們牧師卻得應付一年五十幾週、週週不同的講道，所以您們才會有覺得我講得比您們牧師好的錯覺。」

會後，該教會的牧師很開心地私下帶著年輕作家四處逛逛，兩人並聊了許多心裡話。

以上的真實故事，讓我想起，我的父親生前也是位牧師，在他壯年時，是一位頗有名聲的好傳道人。在我還年少時，曾有一次，他請了一位講員到某個場合演講，講員一上台就猛誇我的父親在外多有影響力；而該場合還有另外一位牧師，但相對而言評價差了許多，是以講員完全沒提到那位牧師。我父親便私下對那位外請講員說：「謝謝您剛剛在台上講了我這麼多好話，但第二場時，您可否也在台上說說另外一位牧師的好話，讓他別覺得失落，覺得有被鼓勵到，讓他之後可以做得更好。」這個暖心舉動讓那位講員大感佩服，不斷私下說：「施達雄牧師的度量與格局真大！」

以上兩個真實的故事我都非常喜歡。這些年，很多人希望能在社會上嶄露頭角、鋒芒，人有鋒芒絕對不是壞事，而是本事！但我很喜歡與人分享一句話：「你的鋒芒，記得帶點善良！」如果您的鋒芒少了善良，可能會無意間「割」傷了許多人的心，許多人會因為您的得意表現或倨傲表情而受到傷害。

當您我意氣風發時，想想身邊某些可能感到失落的人，適度地低調、懂得替別人著想，可以讓他們過得比較不尷尬，也可以讓自己未來的路走得更遠！

D2 發光的關鍵不在「人設」，而在「人格」

這是一個講求個人品牌的世代，有個名詞叫「人設」，意即人物形象設計，能讓一個人在外界呈現出其想呈現的形象。其實這也沒甚麼不好，然而，如果一個人的「人設」與真實的「人格」相去太遠，未必能經歷其所期待的美好。

在歷史上，有些名人就很會搞「人設」，比方說西元前以色列帝國大衛王的第三個兒子押沙龍，就是位人設經營的高手！這個人在歷史上曾弒兄，舉兵造反欲推翻其父，不難想像其人格之陰險、寡情，但他一開始的「人設」卻經營得甚好，外表形象帥氣英挺，還常常早晨起來，故意站在城門的道旁，如果有人有委屈，他就會刻意攔住並對他說：「你的事有情有理，無奈王沒有委人聽你伸訴。如果我是領導者，我必秉公判斷。」來為自己營造正義的形象。甚至如果有粉絲要對他下拜，他會伸手拉住他，與他親嘴，以營造親民的形象。但最後呢？起兵失敗，被看穿、不屑他真面目的人給一刀殺了。押沙龍的人設算是經營得很成功，但人格陰狠、虛偽、狠毒，最後算是敗在了自己的人格上。

類似的事，也曾發生在歷史上與耶穌同時期的某些神職人員身上，文獻記載當時某些神職人員喜歡裝模作樣，會「假意作很長的禱告」，讓自己看起來像是形象很好的宗教家，人格卻甚為涼薄、冷血，甚至會侵吞寡婦的財產！最後呢？在歷史上落得聲名狼藉。是他們不懂得經營人設嗎？不，只是他們真實的人格與人設相去太遠。

親愛的朋友，經營人設沒有不好，但讓自己能在社會上發光發亮的真正關鍵並不在「人設」，而在「人格」。裝出來的外貌，難以持久、難以成事；真實的品格，才是幸福、豐盛的關鍵因素。

D3 存在感，是一份禮物

存在感，是一份禮物，有時甚至是一種交換禮物。

有好幾次我跟不同的人聊起一位長輩，我們對他都有共同的評價，就是很佩服他記人姓名的功力與誠意。即便在群體中沒有特別突出的地方或表現，但他總是可以叫得出你的名字，甚至講得出你正在進行的事和你的優點，且會讓你感受到自己所做之事的重要性，讓人覺得很窩心。後來有一次，那位長輩需要協助時，大家不約而同、同心合意地給了他很正向的回應。

這不禁讓我想起歷史上的大衛王，文獻記載他有次帶兵打了勝仗，和他一同上陣的將士們決定要平分主要的戰利品，忽略那些沒上陣打仗、在後方看守器具的人們，大衛王卻說：「上陣的得多少，看守器具的也得多少，應當大家平分。」他並沒有忽略那些在幕後的人們。在歷史上，大衛王曾經大起大落，而在他落魄時，卻仍有死忠的支持者願意跟隨著他，為什麼？是因為他給了他們很多財富當禮物嗎？我相信這些有形的財富大衛王的敵方也給得起，但大衛給跟隨他之人的禮物，是「存在感」。

存在感，是一份禮物，有時甚至是一種溫馨的交換禮物活動。您我懂得多給人一點存在感，別人有時也會給予回報，而這樣的交往模式，意義有時遠超過金錢往來。

保羅曾說：「要俯就卑微的人。」也提醒我們要「彼此相顧」。在這個現實的社會，我們要如何幫助、顧念一個人？我們也許不一定能給人們金錢，不一定能給人們權位，但只有您願意，我們都可以給人一點「存在感」！叫得出人的名字、講得出別人正在做的事情的價值、常誇讚當事人某些不易被人關注到的優點，這些行為都不需要花錢，對當事人而言卻是一份極寶貴的禮物。

存在感，是一份寶貴的禮物，特別是對一些不起眼的小弟兄，或是正值挫敗的人而言；而這份貴重而無形的禮物，只要您願意，絕對給得起！

D4 人常犯一種錯，叫做「都是別人的錯」

阿花是個深受父母栽培的人，這天，她來找一位治療師協談，她覺得自己的人生很無奈，父母雖然花了許多錢栽培她，但卻沒有幫助她洞察時局，而是鼓勵她選了一個後來出路僧多粥少的科系，否則她應該有更好的人生；她也覺得自己的另一半不夠支持她，不夠積極替她規劃自己的事業，否則她該更為人所知；也常數落身邊的朋友，覺得她這些朋友總是無法理解她的意思，時常無法掌握她話中的涵義。她過去並沒有明顯的精神疾病病史，但她不斷地訴說自己的「委屈」，她是一個不快樂的人，也連帶影響著她身邊親近的人們。

身為精神科職能治療專家，我有時喜歡這樣形容：我們有時會不小心犯一種錯，叫做「都是別人的錯」！有時我們會刻意把自己形塑成「受害者」，用誇張的言詞來形容自己的「委屈」，但其實在旁人眼裡，我們幾乎樣樣都有。

有些人習慣刻意把自己形塑成「受害者」，彷彿自己在這世上所有的不順利，都可以在別人身上找得到對方該對自己所應負而未負的責任！這種歸因邏輯雖看似病態，但當事人第一時間是很輕鬆的，因為凡事只需怪罪別人，無須承受自我檢討的尷尬；然而長久下來的後座力卻十分痛苦，因為會誤覺生活中所映入眼簾的盡是虧欠自己的人，越看越自命委屈，也讓旁人與之相處越來越痛苦。如果您身邊有這種「都是別人的錯」的病態控訴者，有幾點原則是可以掌握的：

1 不隨著其控訴言論來定罪自己：如果對方言談間就是習慣性地凡事把自己塑造成受害者，那是他的不成熟，別讓那些誇大、不合邏輯的控訴來使自己落入不必要的內疚。人生很貴，別任意消耗精力。

2 不讓您的生涯規劃繞著他的要求打轉：對方怪罪完您之後可能會有許多的要求，但容我直說，對方也許不是心地險惡的人，但如果對方歸因邏輯如此偏頗，通常也幹不成甚麼事，您若讓您的生涯規劃遷就於這種人的「指導」、繞著他的建議或要求打轉，恐怕連您自己的人生都要賠下去。

3 不一定要跟對方「硬碰硬」：對於動輒把自己形塑成受害者、覺得凡事都是別人的錯之人，不一定要在言語上跟他直接對撞，對方不見得能接受，有時用反問或是舉例等方式，來讓他發現自己言語中的偏頗與過激，也是一種對話的選項。

有一種我們偶爾會犯的錯，叫做「都是別人的錯」！犯這種錯的人也許本性不壞，但如果您身邊有這種人，不妨善用以上三個原則；而如果本文讓您忽然頓悟自己也有類似這樣的錯誤歸因邏輯，現在適時調整，絕對還來得及！別老是把自己想像成受害者、別老是想把自己在生活中的不順遂從別人的身上找責任，會讓自己與旁人都活得更加寬闊。

D5 你的輩分沒有賦予你不尊重人的權利

近年來常因公務而有機會與一位前輩互動，令我訝異的是，他是在專業領域頗有成就的人士，但跟他相處起來，幾乎感覺不到他的傲氣與架子。其實我的輩分跟他差多了，當我還是學生、尚在某間大醫院實習時，他已是該醫院的主任級人物，但這幾年相處下來，他無論是對我、對其他同僚、乃至對祕書輩的人說話都極禮貌、溫暖，甚至能記得每個人的需要，讓我深深佩服他的信仰與品德。

當然，這是個正向的例子，但很多時候不少人一但有了「輩分」，往往就變得不可愛起來，然而，值得自省的是，我們的輩分並沒有賦予我們不尊重別人的權利。這裡所謂的「輩分」指的不一定是年齡，若在學界可能是指學術職等，在社會上可能是指出道時間的早晚、擔任主管職的先後，或是獲得某些成就的時間點，若在教會裡也可能是指受洗的時間長短等。**這些輩分固然美好，但並不代表我們在上天的眼中就比較高尚，我們仍要懂得尊重別人可能有不同的生涯規劃、不同的路線或異象、不同的喜好。**

姑且不論輩分是否就等同於智慧或實力，彼得在其著作〈彼得前書〉中提到「務要尊重眾人」的叮嚀，這裡的「眾人」絕對也包括輩分在自己之下的人們。事實上，一個有輩分又謙和的人，何其討喜。

親愛的朋友，如果你我已是在某方面有輩分的人，千萬記得輩分並沒有賦予你不尊重人的權利！而如果你目前輩分尚淺、甚至吃過某些前輩的排頭或架子，更要提醒自己，有朝一日待自己也有了輩分之後，要懂得「尊重眾人」的原則，別變成自己當年所不喜歡的那種前輩。

每一個人都會變老、變資深，但願我們都能越資深越可愛。

D6 別用攻擊別人的方式表達求助

小美是個中年職業婦女，從小成長過程順遂，有份正常的工作，和先生育有兩個健康的孩子，在許多旁觀者的眼中，小美是個非常強勢、講話急快的難搞人物。她常批評自己的同事，說同事們有私心、不懂互相支持；也常批評自己的先生，回家後看著先生的許多動作而「唉」聲連連；她亦常批評自己的婆婆、媽媽，說她們不懂多為孫子著想。那小美自己呢？她在別人眼中的評價又好嗎？其實常批評這、批評那的她，在同事與家人心中的評價也不怎麼樣。

中年人心中往往有許多說不出口的壓力，如果您讓精神健康專家去剖析小美的諸多帶刺言行，除了表面上的罵人之外，可能也透露出了另一個訊息，那就是她在「求助」，只是也許她放不下身段來坦承自己的有限，不願承認自己的規劃與執行能力不佳，所以只好「罵」身邊的人，罵身邊的人們不夠好，希望身邊的同事、配偶、家人在被她「罵」了以後能感覺難受，進而選擇多幫她的忙，不要繼續被她罵。小美的做法，是盼望藉由強勢批評身邊的人們，來喚起身邊人們對自己的注意，進而多來幫助自己；她看似苛刻的罵人行為，其實背後所透露出的是想「求助」的無奈。是以許多精神健康專家指出：不要只看到一個人的偏激言行，而忽略了其背後所透露出的求助與空虛。

然而，身為精神健康專家，我也必須指出，故事中的小美，會因此而獲得更多幫助嗎？我可以保證，百分之九十九會適得其反！其實故事中的小美也可能是您我在一時情緒下的化身，是以容我也這樣提醒：別用攻擊別人的方式來表達求助！

無論是在職場上、婚姻裡、家庭中，如果您習慣於用「攻擊別人」的方式來表達自己的「求助」，無論自覺再委屈，恐將注定成為失敗者！因為沒有人喜歡被您攻擊、也沒有人應該要接受您的挑剔，想用這種方式來引人關愛眼神，一開始也許有用，但久而久之，恐讓親友遠離、關係瓦解。是以盡量別用攻擊、否定別人的方式，來表達求助。

也許有人要說：「沒辦法呀，我的『修養』沒那麼好。」很抱歉，這其實不是修養的問題，而是您「說話習慣」的問題！如果您習慣於用攻擊別人的方式來表達求助，誠心建議您把這樣的習慣給改掉；當您覺得很累時，向身邊的人坦承自己的不足，會遠比用挑剔身邊的人對您做的不夠好，更能喚起身邊的人對您的救援意願。

別用攻擊別人的方式來表達求助！願我們都懂得用更成熟的方式，跟身邊的人互助。

D7 別為了不重要的事，遷怒你重要的人

小陳偶爾會在社群軟體上發表一些對社會議題的看法，某一天，他所談及的議題剛好引起某一兩個網友的議論，甚至在他的貼文下回了些比較挑釁的留言，小陳看了氣得怒不可抑。到了吃晚餐時間，仍怒火未消，連跟家人講話都因此變得有火藥味，後來，竟演變成對太太破口大罵。

試問，那些網友，是小陳生命中甚麼重要的人嗎？或是獲得他們的正面肯定，又是甚麼重要的事？都不是，但小陳卻為了生命中這些不重要的事，遷怒他生命中真正愛他的家人。

大明是一家公司的業務，這天早上去便利商店買咖啡，跟店員拿杯時一不小心弄斜了，有些還灑在黑褲管上，雖說看起來不明顯，卻弄得大明心情不快，見了客戶後，臉色仍僵臭，甚至回答的口氣也很差。那一天，大明該談的生意不但沒談成，反而落得客戶在背後給他「EQ不佳、難成大器」的評價。為了一杯咖啡，竟讓他在業界的形象扣分。咖啡灑出來是甚麼嚴重的事嗎？其實也不是，他卻因此得罪了職場上重要的人。

人當然可以動怒，但《聖經》裡也提醒人要懂得「慢慢地動怒」，絕不是說不能動怒，而是在動怒之前不妨先深呼吸兩口、沉澱一下，慢點再飆出怒氣也不遲。可不是嗎？搞清楚生命中的輕重次序和對象，千萬別為了不重要的事，遷怒你重要的人。否則，長久下來，你的人生將得不償失。

願我們都作個懂得慢慢動怒的人，在動怒之前，先問問自己：這件事情真的重要嗎？我發脾氣的對象適切嗎？別為了不重要的事，遷怒你生命中重要的人，才會讓自己的人生過得更平穩而幸福。

D8 有種格局，叫做「不公開談論別人的隱私」

小娟是個善良的職場青年，她曾在職場上受了某些不願啟齒的委屈，無處可訴，便去找一位長輩傾談。豈料，在某次演講的場合中，那位長輩竟把小娟所受的委屈在講台上當成例子當眾說出，讓原本不願意公開的小娟難堪不已，那位長輩甚至在講台上當著眾人的面，鼓勵小娟要饒恕、要有寬廣的心，令小娟當場傻眼得欲哭無淚。那位長輩有惡意嗎？我相信沒有，然而那位長輩顯然缺乏了一種格局，那種格局叫做「不公開談論別人的隱私」，特別當別人是基於信任才私下向您傾訴時，您我若將之公開談論，顯然失態。

我在大學教授精神科職能治療相關課程時，其中有一項需叮嚀的素養，就是不可公開議論個案的隱私，除非是跟其他醫療同僚討論其狀況等特別的場合。而我相信這不只是精神科治療師所需具備的素養，也是您我在生活中可以有的原則。如果有一天，當您我想公開談論別人私下所分享的私事時，不妨問自己幾個問題：

1 這件事關於公眾利益嗎？如果只是當事人的私事，而不危及他人，或無關團體中的制度公義，其實不必主動多談。

2 這件事確定是事實了嗎？很多當事人所陳述的事件或委屈，可能涉及其身邊的其他人，但畢竟有可能是出自當事人個人的觀點或詮釋，有時與客觀事實未必完全相符。

3 這件事當事人願意公開說了嗎？有些人會覺得「這種事有什麼不能說的呢？」「為什麼不告訴更多人，讓大家一起想辦法呢？」即便您認為無傷大雅，但要不要公開講，我們無權替當事人決定。

4 若真要公開講，能否模糊處理？除了不指名道姓，也無須交代太多當事人的背景或個資，以免聽者一聽就猜出是誰。

有種格局，叫做「不公開談論別人的隱私」，這是一種厚道，也是一種格局。一旦我們太常在這件事上失了格，不但會失去與當事人之間的情誼，也可能會失去眾人對我們的信任。

D9 幸福，從嘴巴開始

有兩個少年人在求學時，時常都在班上考第二或第三名，總是與第一名失之交臂，其中一位的家長常罵他：「你怎麼每次都這麼粗心，每次都只差一點就可以拿第一名了。你每次都這樣，以後如何在社會上競爭呢？」而另一位總是拿不到第一名的學生家長，看待同樣的名次，卻總是說：「我的孩子好棒啊，名列前茅呢！」甚至常在外人面前誇：「我家的孩子很努力。」

其實，兩家的家長講的都是「事實」，也都愛自己的孩子，只是陳述的角度不同。後來呢？前者的少年長大後，潛意識裡的自我形象就是「我是個不夠好的人」，出了社會後，對於很多契機反而不敢去爭取；後者長大後，潛意識裡的自我形象則是「我小時候雖非頂尖，但也還算是個優秀的人」，這樣的自我形象，讓他在該出頭時敢於出頭承擔，有著比前者更好的成就與喜樂。而在父母年邁後與之相處的氛圍上，前者總是有些尷尬，後者則是常能一貫地甜言蜜語、暢所欲言。

這世代很多人喜歡談「幸福」這主題，我喜歡說：幸福，從嘴巴開始！你的嘴巴造就人嗎？你常用恐嚇、否定別人的方式，來表達你的愛與建言嗎？很多人也許都愛家人、愛同事、愛孩子、愛朋友，但這些愛若是配上了一張苛薄、損人的嘴，再多的良善動機也生不出幸福的果實來。幸福，從嘴巴開始！

有句話說得很好，提醒我們要「快快地聽，慢慢地說、慢慢地動怒」，當我們已氣急敗壞、怒火攻心時，如何「慢慢地說」？造物主創造人類，生理、心理是會互相影響的，當我們理智已快要失控時，試著深呼吸幾口氣，甚至可以運用「腹式呼吸的方式」，給自己幾秒鐘的時間，利用生理機制來調節心理情緒，然後再開口，可以避免言語成災的狀況。

幸福，從嘴巴開始！有時即便您的動機是良善的，說話不好聽的嘴巴，往往注定不配擁有幸福。值得您我深思自省。

D10
抱怨是你我的權利，但不要濫用權利

現代人生活壓力大，也連帶生出了許多家庭或人際間的磨擦與怨言。在精神科職能治療中常提到所謂的療效因子中，有個稱為「宣洩」（catharsis）的療效因子，是指人若能說出某些困擾與心結，而不是把它放在心裡，對於改善身心健康將有助益，包括講出心事、講出對某人的感覺等等。

什麼是宣洩？若以外顯行為觀之，它跟「抱怨」很類似。你有沒有這種經驗：有時心中不快時，找個信得過的人大吐苦水，即便造成你不快的事並無轉圜，但找個人抱怨後心情卻大感釋懷。這種療效就是「宣洩」。

當然，可能很多人已變成了「習慣性的抱怨」，甚至越抱怨越痛苦，卻又無法控制住不講，最後影響了自己的人際關係與工作。抱怨沒有不對，但要有停損點。

論到抱怨，在生活中，曾聽很多人教訓後輩們說，我們該有信心、要喜樂，最好不要講甚麼負面的話，抱怨是一種不成熟的表現。我可以體會講這些話背後的用心良苦，但這種教導其實不切實際，也不體恤；而身為精神科的治療師，我更喜歡這樣提醒：抱怨是你我的權利，但不要濫用權利。

我們都不是聖人，不可能不抱怨，但要懂得為自己的抱怨行為設個「停損點」，否則，你我將經歷越抱怨眾人越遠離，越抱怨旁人反而越不想幫忙，越抱怨反而事情越糟的惡性循環。怎樣的抱怨才不是「濫用權利」？不妨參考以下四個面向：

1 抱怨的時機：有些時間點實在不適合多話，不但別人聽不進，還會讓自己出洋相，甚至導致別人對你的誤會。

2 抱怨的對象：不是每個你周遭的人都適合傾聽，也不是每個人都適合知道你所有的委屈或期待，特別是現代社群軟體很發達，把心中話跟每個人講不叫做敞開，叫做幼稚。很多話要懂得慎選對象講。

3 抱怨的頻率：如果發現自己抱怨的頻率太高了，這也許不是你的錯，也許是你真有不吐不快的苦水，但可以嘗試稍微逐步降低抱怨的頻率。這與其說是情緒管理，更可說是一種時間管理。

4 抱怨的題材：不要一直重複抱怨！有些事已經發生了，縱然有憾，你可能也抱怨過無數次了，不要讓自己一直陷入不必要的受害者情結裡。君信否？有時你抱怨的情緒化用詞，對聽者所累積的騷擾與傷害，可能並不亞於你本身當初所受的傷害。

親愛的朋友，抱怨，是你我的權利，但要懂得不濫用權利。任何事的發生都可能有造物主的美意，即便這是個言論自由的世代，我們若能學習在上述四個面向中節制自己的口、克制自己的怨言，你自己將會是最大的受益者！

D11 很多事「看穿」就好，不一定要「說穿」

曾經在一場演講中，聽講者分享一位在歐洲歷史上極具影響力的神職人員之生平，他不只是待在教堂裡從事宗教活動，也做了許多影響社會的事。然而，那人最初選擇擔任神職人員的「動機」並不算高尚，他並不是因為真的有心才這麼抉擇，而是他覺得，在當時若選擇成為神職人員，可以有穩定的工作收入，也許還能藉此闖出一番名號！所以當時「沒有穩定工作」的他，便宣稱自己有感動投入神職工作。

然而，多年下來，他真的被改變了！從當初一個只想有穩定收入、功成名就的青年，慢慢被信仰改變，成為一個真的有心為窮人、為社會無條件付出的人，從他人生後期的許多作為，都可以看出他的無私與偉大。而就是這樣寬廣無欲的胸懷，讓他真正成為一位受人尊敬的大人物。

我想著這位在歐洲歷史上大人物的心路歷程與轉變，再想想自己身邊的某些人，忽然有種體悟：很多事「看穿」就好，不一定要「說穿」！

可不是嗎？許多人也許起初就像那位大人物年輕時一樣，高尚的口號背後，有著自己的盤算，厲害一點的人，其實就能「看穿」其背後的私心與謀算，但要「說穿」他嗎？也許不一定。沒有一個聖人起初就是如此神聖，都是在過程中慢慢被調整過來的，給人留一點餘地，留一點進步的時間，假以時日，他也可能成為更好的人；如果我們毫不留情地直接「說穿」他，讓他下不了台、在那條路上羞憤得走不下去了，也許，我們會就此失去了一位未來可能的大人物。

每一個人都不完美，都在學習如何讓自己變得更好、更成熟。面對別人藏在高尚舉動背後的某些不完美，有時「看穿」就好，不一定要「說穿」，留給別人一點進步與改變的時間，他也許將有機會變成一個更好的人；而我們自己，也將在這樣的寬厚口德練習中，成為一個更大氣的人。

D12 先理解，再理論——培養「彼此體恤」的同理心素養

曾經聽過一個例子，在某個義工性質的團隊中，A女士在某次聚會時不慎晚到，在最後一刻才勉強趕上，團隊中有個自命為領袖者的B女士見不慣，便當眾嚴厲地斥責A女士為何遲到，為何如此不看重聚會。

然而，該團體中的大家都知道，A女士家有個特殊兒童需要照顧，而B女士也不是個壞人，只是像A女士那樣的家庭景況，是B女士所不曾有過的人生經歷，她無法將自己置入A女士的處境去想像她的難處，是以直接給A女士貼上了不認真擺上、不重視聚會的論斷標籤。

這世界上有很多事情，會讓我們忍不住想去「理論」之，但我很喜歡跟人分享一個提醒我自己很多的職場心得：「先理解，再理論！」先理解對方的處境、時空背景、難處、文化差異，可以讓之後的理論「論」得更有品質、更有建設性。而何謂「理解」？曾經拜讀學者Davis在一九八五年所提出「同理心概念模式」，其中有一個面向是「角色置入」(fantasy)，指我們能否運用想像力，把自己置入某個虛擬情境中，嘗試從對方所扮演的人生角色來揣摩他所可能遇到的難處，以理解對方為何會有某些表現或言行。

請原諒我這樣說：某些人很喜歡引用《聖經》的名言「是，就說是；不是，就說不是」來合理化自己的直言快舌，並樂此不疲地四處揭人短處，卻忘了《聖經》上也提醒我們要懂得學習「彼此體恤……存慈憐謙卑的心」。在這壓力山大的年代，人人都可能有許多不同的委屈與困境，是彼此所看不到的；當我們看別人的言行不順眼時，掌握「先理解，再理論」的原則，先理解對方的難處、文化差異、人生經驗，才能讓我們後續的評論「論」得更有人性。這固然是個常需要據理以爭的世代，然而，願我們都能在理論之餘，也培養「彼此體恤」的同理心素養。

D13
尊重每一個人心裡的「禁航區」

在歷史上，佈道家保羅曾留下不少至理名言、成為後世的佳諺，這些話通常淺顯易懂，是以常成為後人在職場上的座右銘，甚至被改編成暢銷歌詞。然而，他有一句名言卻講得很模糊，引起後人不小的討論，他曾說：「有一根刺加在我肉體上，……免得我過於自高。」意思是他生命中有某個難處，這個難處讓他有如芒刺在背，為他帶來痛苦，但這樣的難處卻也提醒他不能驕傲自高，其實是有益處的。至於這個在背的「芒刺」是甚麼？保羅沒有明講。

但因為保羅在歷史上實在太有名了，有名人士的生活總是引起大眾的好奇，於是我聽過不少後世學者抽絲剝繭地分析保羅可能的「刺」到底是甚麼，有人猜是身體疾病如癲癇，也有人猜是情緒疾病，或是創傷後壓力症候群。當然，以上這些都只是臆測，我們永遠無法知道正確答案，因為保羅選擇不明講。

然而，很特別的是，保羅向來是個很「坦誠」的人，甚麼話他都敢講，甚至還曾形容自己是罪魁，既然這種話都能講了，那「刺」究竟是什麼為何就不能講呢？感覺不合他的發言風格與尺度。但這又如何呢？人家他就是不想講，我相信也不會有人去怪他為何不講明那根「刺」到底是什麼，人家總有不想公開講的私事吧！

身為精神科職能治療教授，我很喜歡這樣比喻：每個人心裡都有一個

「禁航區」，都有不想外人隨便進入的領域，只有極少數的人可以進入，而這跟每個人的感受、人格特質、經歷等等有關。

我曾見過有些人，為了展現自己的幹練與宗教見識，硬是去窺探別人心中不想談的那一塊，或硬是藉著彼此分享的藉口，去挖別人不想公開談的過往，甚至在網路上公開別人不想讓外人談論的私事，然後還覺得是當事人自己太保守、不夠敞開，其實這種做法何其魯莽、膚淺。

就像每個國家都會在自己領空中因著某種原因劃出「禁航區」，只有少數經當局核准的飛機才能進入。外人只能尊重，不能硬闖，更不能硬闖進去了還一副理直氣壯的樣子說：「這有什麼不能的呢？大驚小怪，又不會怎麼樣。」在外交禮節上，如果有人不顧別國的禁航區硬是飛入，即便被「擊落」了恐怕也只是剛好而已。

想一想，如果保羅都可以有自己不想公開講明的私事了，那麼沒有人不可以！我們也沒有資格去公開或是碰觸別人不想公開談的私事。尊重每一個人心裡的「禁航區」，是我們所應有的學養。

D14 讓生命「感人」，而非「趕人」

也許因為我本身正職是大學教授，有時我很喜歡讀外籍宣教士遠渡重洋來台創辦大學的故事。上世紀遠渡重洋來台的賈嘉美博士，就是其中一位我很佩服的教育家，若看他的生平，可說是個「校長專業戶」，因為他前前後後在兩岸的基督教中學、大學，擔任過校長職很長的時間，但在當時的時空背景下，一個老外遠渡重洋來辦學，是很辛苦、甚至有些危險的！特別是他曾經在對岸內戰時，被亂民洗劫一空、一無所有，當地許多民眾因為感念他的付出，湊錢捐給他，才讓他這個老外度過難關。

後來他到了台灣之後，參與過中原大學的創辦，現今的中原大學已為台灣社會栽培出許多人才；而他也創立了美式的基督教大學「基督書院」（現今的「台北基督學院」）。最後，他於一九八二年辭世，並選擇葬在台灣這塊土地上。曾經聽許多接觸過賈嘉美博士的長輩們分享，他生前是個對真理非常堅持的人，甚至有些嚴厲，卻沒有把眾人嚇跑，反而很多人願意為他的興學理念而奉獻；因為他讓人感動的地方，在於他為了傳揚真理，可以犧牲享受，遠渡重洋地興學、辦教育，甚至不介意跟比自己強的人同台，而不在乎光環會不會被別人搶走。

因著賈嘉美這樣身體力行的犧牲與謙卑，他所持守的真理與規矩不但沒有嚇跑眾人，反而感動了很多人。他有所堅持，但他活出了「感人」的生命，而非「趕人」的生命；他讓更多人因著他的生命與平日的待人處事，而更願意接受他背後的那份基督信仰與造物主的愛。

願我們都能讓自己的生命「感人」，而非「趕人」。

施P會談室
光，有溝通、指引的作用

本書談到「發光」，其實發光的定義不一定是要功成名就，不一定是非得要贏過別人，發光的定義是要能在社會上有「好行為」。

而如果把好行為給比喻為「光」，現代人對燈光的妙用可多著呢！可以提供我們更多的思考與自省。比方說，除了傳統的照明用途之外，燈光在現代都會地區更有溝通、指引的作用，無論是車子的方向燈、路上的紅綠燈、燈塔的指示燈，都是用於溝通、指引。

好行為的定義不一定是要捐款、撒幣，現代人關係緊張，有時懂得好好說話、善於溝通，就是這世代所最缺乏的好行為，本書第四部分的〈叫眾人看見你的好行為〉就是在這樣的構思下寫成的，包括〈你的輩分沒有賦予你不尊重人的權利〉、〈別為了不重要的事，遷怒你重要的人〉、〈幸福，從嘴巴開始〉……，講的都是關於溝通、指引的省思。

燈，在現代有溝通、指引的作用，能幫助人們避免不必要的碰撞或意外。願我們所活出的生命也都能有這樣價值。

心靈勵志系列 17
重點不在別人眼光，在你該發的光

作　　者｜施以諾
發 行 人｜鄭惠文
社　　長｜鄭超睿
編　　輯｜洪懿諄
封面設計｜鄧詠珊
內文排版｜鄧佩綸

出版發行｜主流出版有限公司
Lordway Publishing Co. Ltd.
出 版 部｜臺北市南京東路五段 389 巷 5 弄 5 號 1 樓
電　　話｜(02) 2766-5440
傳　　真｜(02) 2761-3113
電子信箱｜lord.way@msa.hinet.net
劃撥帳號｜50027271
網　　址｜https://lordway.com.tw

經　　銷
紅螞蟻圖書有限公司
臺北市內湖區舊宗路二段 121 巷 19 號
電　　話｜(02) 2795-3656
傳　　真｜(02) 2795-4100

華宣出版有限公司
新北市中和區連城路 236 號 3 樓
電　　話｜(02) 8228-1318
傳　　真｜(02) 2221-9445

2023 年　9 月｜初版 1 刷
2024 年　5 月｜初版 4 刷
書　號：L2309
ISBN：978-626-97409-5-6（平裝）
Printed in Taiwan

國家圖書館出版品預行編目 (CIP) 資料

重點不在別人眼光，在你該發的光 / 施以諾著 . -- 初版 . --
臺北市：主流出版有限公司, 2023.09
面；　公分 . -- (心靈勵志系列 ; 17)

ISBN 978-626-97409-5-6 (平裝)

1. 自我肯定　　2. 自我實現

177.2　　112013020